Breslau

und Umgebung

EDITION TEMMEN

Breslau
und Umgebung

Ein illustriertes Reisehandbuch

Von Izabella Gawin und Dieter Schulze

EDITION TEMMEN

Breslau und Umgebung

Geschichte

Streifzüge und Erkundungen

Breslau – Stadtinformationen

Informationen

Kultur und Vergnügen

Breslauer Portraits

Ausflüge in die Umgebung

Informationen von A–Z

Vorwort

In Breslau, dem heutigen Wrocław, berühren sich widerstreitende Kulturen. Die Stadt gehörte in den letzten 1000 Jahren abwechselnd ihren Nachbarn im Osten, Westen, Norden und Süden: erst den Polen, dann den Böhmen und Ungarn, den Habsburgern und Preußen. Von der bewegten Geschichte künden die monumentalen, in strenger Gotik erbauten Backsteinkirchen, die mit barock verspielten Palästen kontrastieren. Schnörkelloser preußischer Klassizismus begegnet dem Besucher in öffentlichen Gebäuden. Die Aufbruchsstimmung der Gründerzeit manifestiert sich im Belle Époque ehemals jüdischer Kaufhäuser.

Heute gehört Breslau zu Polen und ist mit knapp 700.000 Einwohnern die viertgrößte Stadt des Landes. Sie hat den Ruf erworben, für neue Entwicklungen aufgeschlossen zu sein. Über die Landesgrenzen hinaus ist das Pantomimentheater bekannt, Avantgardisten sammeln sich an der einstigen Spielstätte des ›Armen Theaters‹. Im Frühjahr vereinen sich viele europäische Musiker zum Festival ›Jazz an der Oder‹. Doch die wohl schönste Veranstaltung findet im September statt. Besucher haben dann Gelegenheit, in Kirchen und Schlössern grandiosen Konzerten zu lauschen: *Wratislavia Cantans.*

Mit diesem Buch wollen wir Besucher einladen, Breslau neu zu entdecken – eine Stadt, die dank ihrer über 30.000 Studenten sehr jugendlich wirkt. Die Universität liegt am Ufer der Oder, nur wenige Schritte vom Ring, dem Herzstück der Altstadt entfernt. Auf diesem großen malerischen Platz konzentriert sich das öffentliche Leben. Alle Wege der Stadt laufen hier zusammen, kein Breslauer läßt es sich entgehen, mindestens einmal am Tag vorbeizuschauen. Es lebt sich hier wie auf einer italienischen Piazza, jede Tageszeit hat ihren besonderen Reiz. Wer dagegen klösterliche Stille sucht, macht sich auf den Weg zur Dominsel, von der Altstadt über eine der vielen Oderbrücken erreichbar. Auch sie wurde zum Besuch des polnischen Papstes glanzvoll restauriert, dominiert mit ihren hoch aufschießenden Kirchtürmen die Silhouette der Stadt.

Das Buch begleitet den Besucher durch die Straßen Breslaus, führt ihn zu den berühmtesten Sehenswürdigkeiten und macht ihn vertraut mit dem Ambiente der Stadt. Aktuelle Daten über geprüfte Unterkünfte, Treffpunkte und Restaurants sowie Vorschläge für Ausflugsfahrten in die nähere Umgebung ermöglichen einen interessanten und abwechslungsreichen Aufenthalt.

ALEKSANDER
HR.
FREDRO

Geschichte

Die Anfänge Breslaus

Durch Schlesien verliefen schon im Altertum wichtige Handelsstraßen. Die Bernsteinroute führte von der Ostsee zum nördlichen Mittelmeer, kreuzte sich mit der sogenannten Hohen Straße, die von Westeuropa ostwärts zum Schwarzen Meer führte. Über die frühe Geschichte Breslaus ist wenig bekannt. Als gesichert darf gelten, daß sich vom 6. bis 9. Jahrhundert der slawische Stamm der Slensanen an den Seitenarmen der Oder niederließ und auf dem sumpfigen Gelände Behausungen aus Lehm und Holz schuf. Der fruchtbare Boden begünstigte den Anbau landwirtschaftlicher Produkte, die Gewässer waren reich an Fisch. Die Slensanen gehörten anfangs zum Großmährischen Reich, ab dem späten 9. Jahrhundert zu Böhmen.

Wratislaw, Herzog der Böhmen (894–921), ließ auf der heutigen Dominsel eine Burg errichten, die später den Namen **Wrotizlawa** erhielt (auch Wortizlawa, später deutsch *Breslau*, polnisch *Wrocław*). Hierher kamen Kaufleute und Händler, bald auch Missionare. Von deutschen Bistümern starteten diese in Richtung Osten, um heidnische Stämme zum Christentum zu bekehren. Fürst Mieszko aus dem Herrschergeschlecht der Piasten, der das historisch als Großpolen bezeichnete Gebiet kontrollierte, ließ sich 966 nach römisch-katholischem Ritus taufen, erwarb damit Anspruch auf päpstlichen Schutz und durfte nun seinerseits missionierend tätig werden. Binnen weniger Jahrzehnte gelang es den Piasten, sich das gesamte Terrain zwischen Oder und Weichsel anzueignen und einen Großteil der Bewohner im christlichen Glauben zu einen. Auch Wrotizlawa wurde den Böhmen entrissen. Ab 990 gehörte es zum Herrschaftsbereich der Piasten, im Jahr 1000 wurde es Bischofssitz. Zentrum war die Dominsel mit ihrer machtvollen, von Wällen und Wassergräben umgebenen Burganlage.

Polen galt als eigenständige Kirchenprovinz, war eingegliedert in die vom römischen Christentum bestimmte westliche Welt. Bolesław der Tapfere setzte die Expansionspolitik seines Vaters Mieszko fort und wurde 1018 von Kaiser Heinrich II. mit der Lausitz und dem Milzener Land belehnt. Nach dem Tod des Kaisers (1024) erklärte er sich zum König Polens, um damit seine Unabhängigkeit unter Beweis zu stellen. Als er 1025 starb, grenzte das Land im Westen an das Heilige Römische Reich Deutscher Nation und im Osten nach

der Eroberung Kiews an das Byzantinische Reich.
Auf der Landkarte mochte Polen groß erscheinen, doch stabilisiert war es mitnichten. In den folgenden Jahren mehrten sich Aufstände heidnischer Gruppen, Pommern und die Lausitz spalteten sich ab. Der Sohn Bolesławs mußte nach nur acht Jahre währender polnischer Unabhängigkeit die Königskrone ablegen und unter die kaiserliche Lehnsherrschaft zurückkehren. Eine Adelsrevolte zwang seinen Nachfolger 1037 zur Flucht nach Deutschland. Ein Jahr später wurde Schlesien von Böhmen okkupiert, woraufhin die polnische Landeshauptstadt von Gnesen nach Krakau verlegt werden mußte. Zwar gelang es dem Piastenfürsten Kasimir, Schlesien um 1050 zurückzugewinnen, doch die Auseinandersetzungen gingen weiter. Sie erstreckten sich über insgesamt einhundert Jahre, erst 1137 wurde der Streit im Abkommen von Glatz beigelegt. Schlesien blieb polnisches Terrain, war jedoch lehnsabhängig von Deutschland. Um Spannungen innerhalb des Piastenhauses zu beenden, führte Bolesław II. 1138 eine Erbfolgeregelung ein, die mit seinem Tod in Kraft gesetzt wurde. Die Senioratsverfassung legte fest, daß Władysław II., seinem ältesten Sohn, nicht nur die Herrschaft über die Haupt- und Königsstadt Krakau, sondern auch über Schlesien mit Breslau zufallen sollte. Die Brüder hatten sich mit den verbliebenen Landesteilen zu bescheiden und waren dem Senior untertan. Doch die neue Ordnung bewährte sich nicht. Władysław

Wie die Breslauer Kirchen und Klöster entstanden

Piotr Włast war eine der schillerndsten Persönlichkeiten seiner Zeit. Er war ungemein reich, stiftete zahlreiche Kirchen und Klöster und erwarb Ruhm im Kampf gegen die Dänen. Als er sich 1145 an der Seite Bolesław IV. gegen den Seniorfürsten erhob, wurde er zur Strafe geblendet. Man schnitt ihm die Zunge ab und konfiszierte seine Güter. Ein Jahr später, als Bolesław IV. die Macht übernahm, wurde er rehabilitiert. Der Krakauer Bischof, so weiß die Legende, weissagte ihm, wenn er sieben Kirchen und drei Kloster stifte, werde er sein Augenlicht wiedergewinnen. Doch Włast tat des Guten zuviel; er ließ 70 Kirchen und 30 Klöster errichten - und blieb blind. Als er sich darauf beim Bischof beklagte, rügte ihn dieser und mahnte ihn zur Präzision. Noch einmal machte sich Włast ans Werk, hielt sich diesmal genauestens an die Weisung - und gewann sein Augenlicht zurück. Seitdem werden ihm in Breslau und Umgebung 77 Kirchen und 33 Klöster zugeschrieben…

II., der mit einer Verwandten des deutschen Königs verheiratet war, fand in seinen Brüdern, die ihm seinen schlesischen Besitz nicht gönnten, heftige Neider. Im Jahr 1146 wurde Władysław von seinem Halbbruder Bolesław IV., der mit dem mächtigen Breslauer Burgherrn Piotr Włast verbündet war, gestürzt und aus Schlesien vertrieben.

In jener Zeit, da sich das Christentum als herrschende Religion erst noch durchsetzen mußte, wurde fieberhaft gebaut. Vielerorts entstanden Kirchen und Klöster, durchweg reich an Plastik und Ornament. Zum Aufbau von Breslau im Stil der **Romanik** hat Graf Włast erheblich beigetragen. Für Benediktinermönche aus Tyniec stiftete er die Abtei auf dem Elbing, das Eingangsportal der St.-Vinzenz-Kirche mit seinen phantastischen Ornamenten blieb bis heute erhalten. Freilich nicht am ursprünglichen Ort; als man die Kirche im 16. Jahrhundert abriß, wurde das Portal in die Südseite der Breslauer Maria-Magdalena-Kirche eingefügt. Ins Jahr 1149 wird die Sand-

Hedwig, die Schutzpatronin Schlesiens

Hedwig von Andechs (1174–1243), seit ihrem 13. Lebensjahr mit Heinrich I., dem Herzog von Schlesien vermählt, wurde 1267 von Papst Clemens IV. heiliggesprochen. An der Seite ihres Mannes setzte sie sich beharrlich für die friedliche Besiedlung Schlesiens durch Deutsche ein. Sie starb am 14. Oktober 1243 in Trebnitz, zwei Jahre nach der militärischen Niederlage gegen die Tataren, bei der ihr Sohn Herzog Heinrich II. gefallen war. Aus Anlaß ihres 750. Todestags gaben die deutsche und polnische Post gemeinsam eine Briefmarke heraus. (➛ S. 155)

Sie ist nicht zu verwechseln mit der seligen Hedwig von Anjou (Jadwiga, 1374–1399), die 1386 eine Ehe mit dem litauischen Großfürsten Jagiello einging, der als König Władysław II. Polen und Litauen in Personalunion vereinigte.

kirche datiert, gleichfalls eine Stiftung des Grafen, neun Jahre später ließ Bischof Walter die Domkirche um einen romanischen Steinbau erweitern.

Deutsche Besiedlung

Der deutsche Kaiser Friedrich II. Barbarossa demonstrierte die Oberhoheit seines Reichs über Polen: Nach Rückkehr von seinem Italienfeldzug sorgte er dafür, daß die in Deutschland erzogenen Söhne des inzwischen verstorbenen Władysław II. ihr schlesisches Erbe antreten durften (1163). Bolesław IV. mußte sich aus Schlesien zurückziehen und für Restpolen den Lehnseid leisten. Auch konnte er nicht verhindern, daß sich die schlesischen Piastenherzöge Bolesław, Mieszko und Konrad fortan enger an Deutschland anlehnten. Dort hatten sie Wirtschafts- und Rechtsformen kennengelernt, die ihnen für den Ausbau ihres eigenen Landes nutzbringend erschienen. Vom deutschen Kaiser wurden sie außerdem unter besonderen Schutz gestellt.
Mochten die Ereignisse von 1163 auch nicht die Lösung Schlesiens aus dem polnischen Staatsverband bedeuten, so wurden doch entscheidende Weichen für die Germanisierung des Landes gestellt. Herzog Bolesław der Lange, der für Breslau und die umliegende Region zuständig war, verlieh den angeworbenen deutschen Mönchen weitreichende Privilegien. Dadurch sollte es Siedlern aus deutschen Landen ermöglicht werden nach Schlesien zu kommen und die bevölkerungsarmen Regionen zu ›kultivieren‹. Unter seinem Nachfolger Heinrich I. (1201–1238) wurde dieser Plan realisiert. Deutsche Prämonstratenser kamen ins Breslauer Vinzenzstift, Nonnen aus Bamberg zogen ins Zisterzienserinnenkloster Trebnitz nördlich der Stadt. Schon bald wurden auf herzoglichem Terrain erste Dörfer und Städte gegründet. Die Siedler stammten zumeist aus Franken und Thüringen, anfangs auch aus Flandern: Handwerker und Kaufleute, Bergknappen und Bauern. Die ältesten nachgewiesenen Siedlungen mit deutschem Stadtrecht sind die Bergbauorte Goldberg (1211) und Löwenberg (1217), das slawisch begründete Breslau erhielt deutsches Recht 1226. Stärkerer Widerstand gegen die praktizierte ›deutschfreundliche‹ Siedlungspolitik ging einzig von der polnischen Geistlichkeit, hier vor allem vom Erzbischof von Gnesen aus. Auseinandersetzungen entbrannten insbesondere um die Zehntforderungen der Kirche, mit denen die deutschen Siedler, deren Interessen der Herzog vertrat, nicht einverstanden waren.
Zwar fielen die meisten Häuser der deutschen Kaufmannssiedlung dem Mongolensturm (1241)

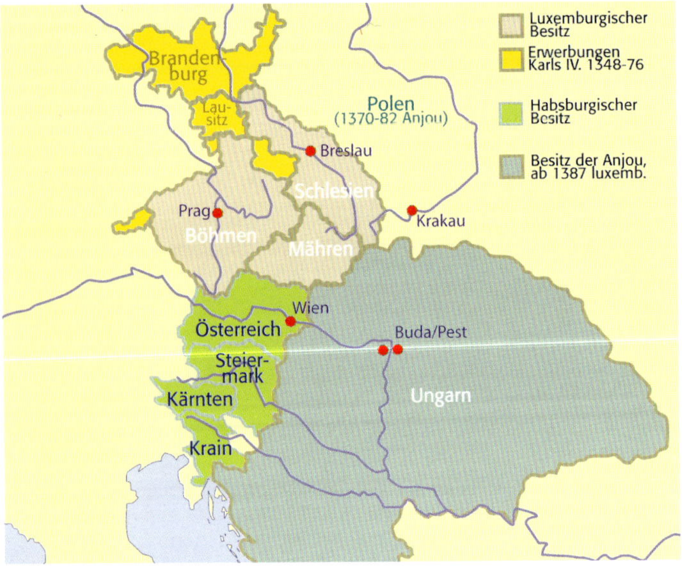

➢ Die luxemburgische Hausmacht erweitert sich im 14. Jahrhundert schrittweise bis Ungarn und Brandenburg, danach folgt ein kurzes habsburgisches Intermezzo unter Albrecht V.

➢ Bis 1490 erobert Matthias Corvinus den ehemals luxemburgischen Besitz. 1471 fällt Böhmen, 1490 Ungarn an Wladyslaw II. von Polen. Erbverträge von 1491 und 1515 bringen die gesamte Region letztlich 1526 unter habsburgische Herrschaft.

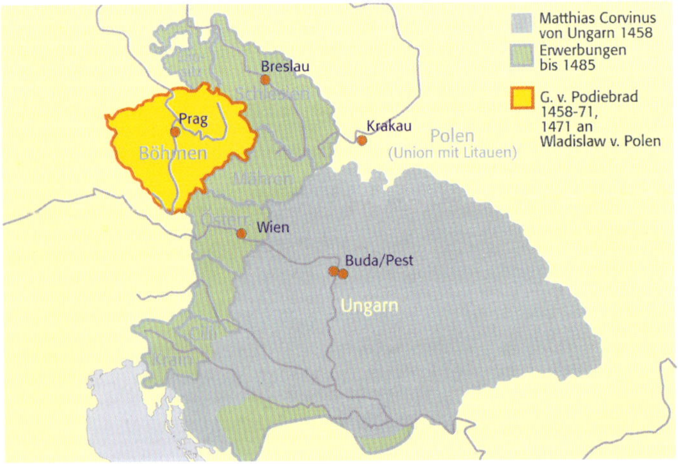

zum Opfer, doch schon ein Jahr später wurde die Stadt am linken Oderufer neu aufgebaut. Eine Architektur, die alles bis dahin Geschaffene übertraf, sollte den Überlebenswillen der Bürger bezeugen. Eine teilweise von Gräben gesäumte Befestigungsmauer wurde um den Stadtkern gezogen, der sich um einen 212 x 175 Meter großen, viereckigen Marktplatz gruppierte. Dieser war das Herzstück Breslaus, hier pulsierte das Leben. An seiner Westseite, wo sich die Große Waage befand, wurden Tuche und Leinen verkauft, ging man rechts weiter, folgten Obst- und Gemüse-, Blumen- und Kleinviehstände. In der Kornecke wurde Getreide angeboten, im Süden frischer Fisch aus der Oder. Der angrenzende Salzmarkt war das Revier polnischer und russischer Händler, die ihr Geld vor allem mit Leder- und Salzhandel verdienten.

Vom Marktplatz, der in Schlesien meist *Ring* genannt wird, gingen gitterartig kleine, einander rechtwinkelig kreuzende Straßen aus, die im Südwesten vorrangig von Kaufleuten, im Nordosten von Handwerkern bewohnt waren. Den Landstrich entlang der Oder vergaben die Fürsten an Klöster und geistliche Stiftungen. 1244 begann man mit dem Bau des gotischen Doms, kurz darauf mit dem der Elisabeth- und Adalbertkirche. Das architektonische Muster, das sich in seinen Grundzügen bis heute erhalten hat, diente wenige Jahre später den Stadtherren Krakaus als Vorbild.

Deutsches Recht begann polnisches Recht zu verdrängen, und auch die deutsche Sprache herrschte vor. 1261 wurde das Magdeburger Stadtrecht für Breslau bestätigt, zwei Jahre später wurde es auf die Neustadt ausgedehnt, ein Gebiet jenseits der Ohlau mit eigenem Marktplatz und Fleischbänken. Binnen weniger Jahrzehnte avancierte Breslau zu einem der bedeutendsten Handelszentren im spätmittelalterlichen Europa. Der städtische Bischof erwarb den Titel *Fürst des Heiligen Römischen Reiches Deutscher Nation* und kontrollierte die Region rund um die Neiße.

Böhmische Herrschaft

Mit dem Tod Heinrichs VI., des letzten Piastenherzogs (1335), erloschen die rechtlichen Bindungen zwischen Schlesien und dem inzwischen neuerstarkten polnischen Staat. Durch den noch im gleichen Jahr abgeschlossenen Vertrag von Trentschin wurde Breslau böhmischer Lehnshoheit unterstellt; der polnische König Kasimir III. leistete offiziell Verzicht auf alle Gebietsansprüche in Schlesien.

König Johann von Böhmen war vornehmster Kurfürst des Reiches und Angehöriger des Fürstenhauses der Luxemburger.

➢ Meisterwerk der Gotik:
Das Breslauer Rathaus auf einem Stich des 18. Jahrhunderts

Nachfolger wurde sein Sohn Karl, der die schlesischen Fürstentümer 1348 feierlich in die Krone Böhmens inkorporierte und für die Zeit bis 1437 das Kaisertum der Luxemburger im Heiligen Römischen Reich begründete.
Als Zentrum des Handwerks und des Handels begann für die Stadt Breslau eine längere Blütezeit, die nur beeinträchtigt wurde von der Revolte der Zünfte gegen den Rat (1418–20), den auf Westschlesien übergreifenden Hussitenkämpfen (1419–36) und der Machtergreifung des ungarischen Königs Matthias Corvinus (1469). Nachhaltig profitierte die Stadt von ihrer Lage an der von Nürnberg über Krakau nach Kiew führenden Hohen Straße, über die Waren aus Deutschland und Westeuropa ostwärts gebracht wurden; im Gegenzug kamen orientalische Waren über Breslau nach Deutschland. Die Stadt wurde Mitglied der Hanse (1387–1518), ihre wichtigsten Partnerstädte waren Danzig und Thorn. Auf der Nord-Süd-Route gelangten Breslauer Tuche und Schweidnitzer Bier bis nach Venedig.
Der wirtschaftliche Aufschwung schlug sich in bemerkenswerten kirchlichen und weltlichen Bauten nieder. Eine dreifache Mauerlinie mit Stadttürmen und -toren bot Schutz vor möglichen Angreifern. Wahrzeichen der Stadt wurde das im Stil der **Gotik** erbaute Rathaus, prachtvolles Symbol für die Stärke des Breslauer Bürgertums. Rings um den Großen Markt entstanden Bürgerhäuser, in den Straßen *Szewska* und *Wita Stwosza* die sogenannten *Curie* (Stadtpalais). Die damals geschaffenen oder umgebauten Backsteinkirchen bestimmen das Stadtbild bis zum heutigen Tag. Erhalten geblieben sind Kathedrale und Heiligkreuzkirche, Vinzenz- und Matthias, Elisabeth- und Maria-Magdalena-Kirche.
Papst Pius II. war bei seinem Besuch 1460 voller Lob für die Stadt: »*Im Osten an der Oder liegt Breslau, eine Stadt des Ziegelbaues, nicht minder schön als mächtig; ihr Bistum hieß einst das ›goldene‹.*« Und Hartmann Schedel ist es zu danken, daß man sich aus jener Zeit ein erstes Bild von der Stadt machen kann; in seinen Chroniken aus

➢ Gotische Schnitzkunst im Breslauer Nationalmuseum

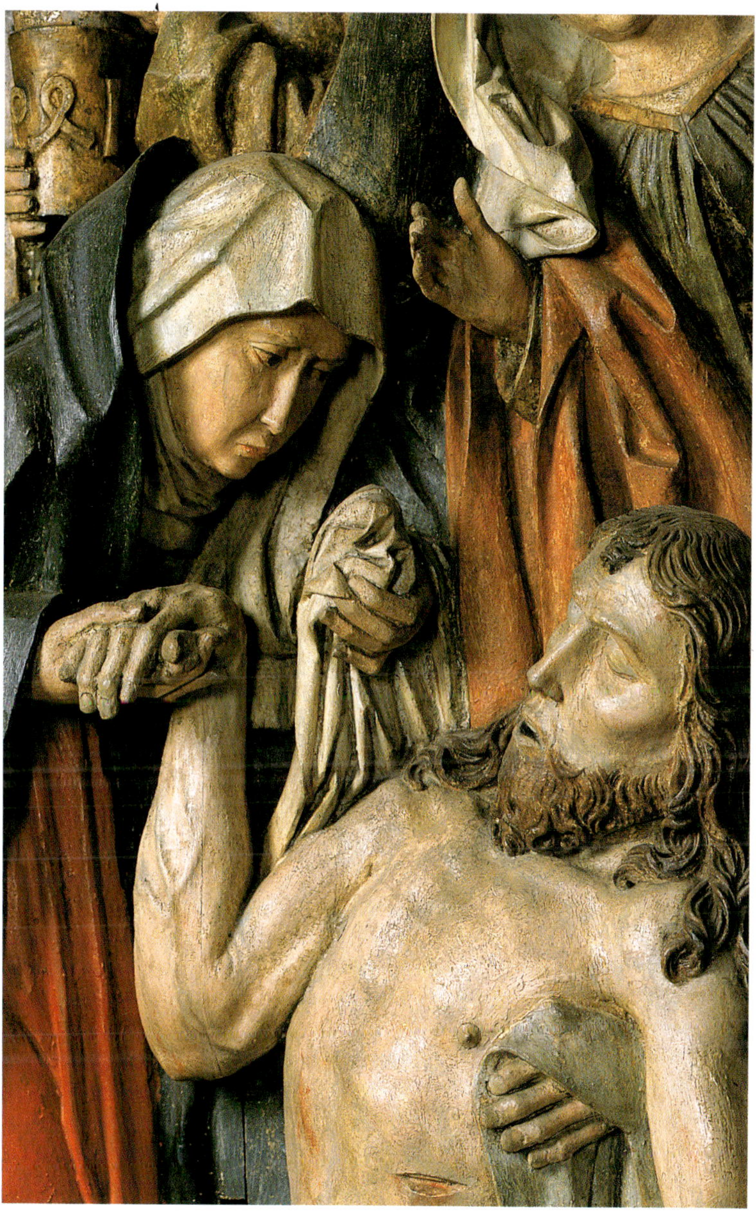

dem Jahr 1493 ist ein Holzschnitt enthalten, die älteste bildliche Darstellung Breslaus.

Gegen Ende des 15. Jahrhunderts hielten die Ideen des **Humanismus** Einzug in der Stadt, manifestierten sich in ersten Schriften zur schlesischen Geschichte und Landeskunde. Starke Impulse gingen von der Universität Krakau aus, wo bis 1502, dem Gründungsjahr der Hochschule Wittenberg, die meisten schlesischen Studenten eingeschrieben waren. Zu den wichtigsten Vorkämpfern zählte Konrad Pickel, besser bekannt als Conrad Celtis (1459–1508), der sich nach seiner Begegnung mit italienischen Humanisten zum Ziel gesetzt hatte, den Geist der Renaissance auch in Mittel- und Osteuropa zu verbreiten. Er sammelte mittelalterliche Handschriften und veröffentlichte literarische Werke, so auch die *Germania* des Tacitus. Daß der Humanismus in seiner stark na-

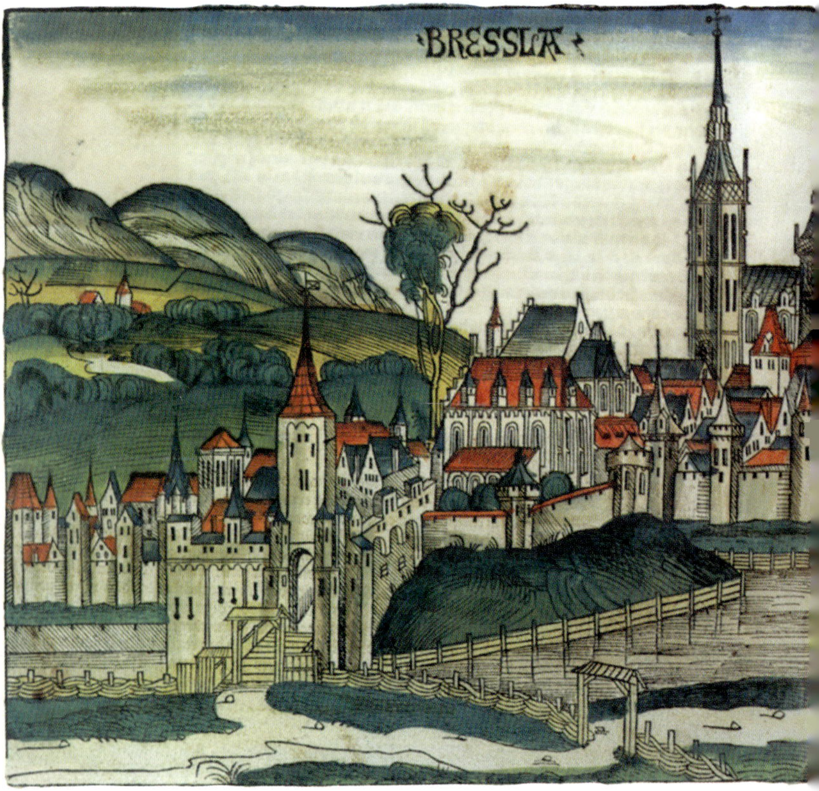

tionalen, gegen die römische Kirche gerichteten Form populär wurde, ist vor allem zwei Männern zuzuschreiben: dem Dichter Ulrich von Hutten (1488–1523) und dem Reichsritter Franz von Sickingen (1481 -1523). Die polnische Landbevölkerung wurde von den Ideen des Humanismus nicht erfaßt - unter den schlesischen Humanisten sucht man polnische Namen vergebens.

Habsburger Monarchie

Die wirtschaftliche und soziale Entwicklung im 16. und 17. Jahrhundert ist geprägt von den Habsburgern. Wiederholte Erbverträge ermöglichten ihnen, beim Tode Ludwigs II. 1526 die böhmisch-ungarischen Herrscher zu beerben und für die nächsten 200 Jahre die Geschicke Schlesiens zu bestimmen. Der *Ducatus*

➢ Die Stadt Breslau in Hartmann Schedels Weltchronik 1493

Silesiae präsentierte sich als föderativ organisierter Ständestaat unter habsburgischer Oberhoheit, bestehend aus 16 Erb- und Mediatfürstentümern sowie sechs Standesherrschaften.

Die Habsburgische Regentschaft konnte den Siegeszug der **Reformation** nicht bremsen. Martin Luther hatte in der Leipziger Disputation 1519 seinen Bruch mit der römischen Kirche eingeleitet, indem er mehrere Thesen Jan Hus' als »christlich« verteidigte. Er lehnte Papsttum und Heiligenverehrung ab und wurde 1521 durch das Wormser Edikt vom Kaiser geächtet. Doch in den Städten fanden seine Ideen zahlreiche Anhänger, der Buchdruck verhalf seiner Bibelübersetzung zu weiter Verbreitung. Da Kaiser Karl V. in Auseinandersetzungen mit Frankreich verstrickt war, zeigte er sich außerstande, die Glaubenseinheit im Innern gewaltsam wiederherzustellen. Protestantische Fürsten schlossen sich 1531 im Schmalkaldischen Bund zusammen, um die Reformation zu verteidigen.

Breslau war bereits in den 20er Jahren eine Hochburg der Reformation. Die Bewegung fand ihre Träger in Kreisen der Geistlichkeit, des Bürgertums und des Adels. Reiche Patriziergeschlechter förderten Bildung und Kunstverstand, und auch Kaufmannsfamilien wie die Fugger, die ihre Gewinne aus Leinenweberei, Eisenverhüttung und Glasbläserei bezogen, trugen dazu bei, daß das kulturelle Leben der Stadt florierte.

Aus der Zeit des geistigen und geistlichen Neubeginns stammen wichtige Bauwerke im Stil der **Renaissance**. Der städtische Dom erhielt ein neues Portal, Rathaus und Elisabethkirche wurden mit Skulpturen und Turmhelmen, Grabsteinen, Taufbecken und Kanzeln verziert. Das schönste Beispiel niederländischer Renaissance ist das von Heinrich Rybisch errichtete *Greifenhaus* (1526-31), bis heute ein Schmuckstück in der *Ofiar-Oświęcimskich-Straße*.

Einen schweren wirtschaftlichen Rückschlag stellten die Pestepidemien dar, von denen Breslau in den Jahren 1542, 1568 und 1585 betroffen wurde. Noch schlimmer kam die Stadt ihre Verwicklung in die religiösen Auseinandersetzungen zu stehen, die im Dreißigjährigen Krieg 1618-1648 gipfelten. Ausgelöst worden war dieser von Böhmen, wo Erzherzog Ferdinand aus dem Herrscherhaus der Habsburger regierte. Der Monarch war unter Mißachtung des Wahlprivilegs der Stände auf den böhmischen Thron gelangt und überdies ein unbeugsamer Verfechter des katholischen Glaubens. Er wies die kaiserlichen Beamten in Prag an, das Ausüben des evangelischen Gottesdienstes in Böhmen zu erschweren. Bald darauf kam es zum Eklat: Über

➢ Barockes Detail am Haus unter dem Goldenen Apfel

die Einschränkung ihrer Rechte und der ihnen 1609 zugesicherten Religionsfreiheit erboste böhmisch-protestantische Adlige begaben sich zur Prager Burg, machten die Kanzlei ausfindig und warfen zwei kaiserliche Räte - so geschehen am 23. Mai 1618 - wutschnaubend aus dem Fenster. Dies war der Startschuß zum Krieg: Mit Waffengewalt sollten die böhmischen Stände zu Gehorsam und katholischem Glauben bekehrt werden. Auf Seiten Ferdinands II., seit 1619 Kaiser, kämpften die Katholiken des Reichs, dagegen verbündeteten sich die protestantischen Stände Schlesiens mit ihren Glaubensbrüdern in Prag, ebenso die evangelischen Fürsten Deutschlands, der Niederlande und Schwedens.

Die Frontlinien verliefen in den folgenden 30 Jahren nicht immer gemäß der Konfessionszugehörigkeit. Häufig kämpften Katholiken auf evangelischer und Protestanten auf kaiserlicher Seite - Eigennutz triumphierte über Gemeinwohl, in Aussicht gestellter Landgewinn erwies sich als Verlockung für Krieger auf beiden Seiten. Im Jahr 1620 unterlag der böhmische »Winterkönig« Friedrich von der Pfalz, Verbündeter Schlesiens im Kampf für die Religionsfreiheit, den kaiserlichen Truppen in der Schlacht am Weißen Berg bei Prag. Wallensteinische und Liechtensteinische Dragoner drangen daraufhin in Schlesien ein und verwüsteten weite Landstriche. Schlösser gingen in Flammen auf, unzählige Dörfer wurden zerstört.

➢ »Huldigung der Schlesischen Stände« – ein Gemälde Adolph von Menzels (1855), auch er ein gebürtiger Breslauer

Produktion und Handel in der Stadt Breslau waren schwer betroffen. Es kam zu Teuerungen und Hungersnöten, zum Ausbruch von Seuchen und Krankheiten; allein durch den *Schwarzen Tod* des Jahres 1633 kam fast die Hälfte der 40.000 Einwohner ums Leben.

1638 rückten die Jesuiten in Breslau nach und leiteten die **Gegenreformation** ein. Noch im gleichen Jahr wurde eine Jesuitenschule gegründet, in der Folge entstanden Klosterbauten der Augustiner, Kapuziner und Johanniter, der Klarissinnen und der Barmherzigen Brüder. Emsiger katholischer Bautätigkeit verdanken sich viele Sakralbauten im Stil des Barock. Besonders schöne Beispiele sind die Matthiaskirche und das Ursulinenkloster, das Sandstift (heute Universitätsbibliothek) und das Matthiasstift (heute Ossoliński-Bibliothek). Aus der Jesuitenakademie (1702) entstand ab 1728 der Kollegienbau, Vorläufer der Breslauer Universität mit einem der schönsten Festräume Europas, der Aula Leopoldina.

Zu den bekanntesten in Breslau lebenden Barockdichtern gehörten Martin Opitz, der sich für die Durchsetzung und Pflege der deutschen Sprache in allen literarischen Gattungen einsetzte, und Andreas Gryphius, dessen Sonett *Tränen des Vaterlands* (1636) die Schrecken des Dreißigjährigen Krieges beklagt. Mit dem *Cherubinischen Wandersmann* wurde Angelus Silesius berühmt, ein Mystiker, der eigentlich Johannes Scheffler hieß. Erwähnung verdienen auch Friedrich von Logau, ein Meister kritischer Sinngedichte, und der Breslauer Ratsherr Christian Hofmann von Hofmannswaldau, wichtigster Vertreter des Manierismus. Die Blütezeit der Literatur ging in der zweiten Hälfte des 17. Jahrhunderts zu Ende. Je stärker sich der kaiserliche Absolutismus und die Kräfte der Gegenreformation durchsetzten, desto weniger Möglichkeiten gab es für produktive Denker, sich in Breslau zu entfalten.

Preußisches Regiment

»*An der östlichen Grenze des Reiches gelegen, entstand Breslau nicht durch Eroberung und Unterdrückung der slawischen Elemente, sondern dadurch, daß die Völker, die sich hier begegneten, sich vertragen lernten, wenn das auch nicht kampflos geschah. Das Freie und Weite, was Städte wie Hamburg durch ihre überseeischen Beziehungen bekamen, dankt Breslau dem Hindurchströmen der Völker, zwischen denen die Deutschen sich nicht durch Waffengewalt, sondern durch Tüchtigkeit und Arbeit behaupteten.*«

(Ricarda Huch, 1929)

Ricarda Huch weiß nichts vom christlich-deutschen Sendungsbewußtsein, das – wie A. Lubos in »Deutsche und Slawen« erläutert – den slawischen Nachbarn von jeher als faul und kulturell minderwertig verunglimpfte. Und leider mogelt sie sich auch an der Tatsache vorbei, daß Breslau nur durch Waffengewalt preußisch geworden ist. 1741 wurde die Stadt von Truppen besetzt, und Friedrich II. wußte nur zu gut, daß sich nach einer Militäroperation stets Juristen finden, die beweisen können, daß der Anspruch auf das besetzte Land berechtigt sei. Ein berühmtes Gemälde dokumentiert das mit der Eroberung verknüpfte historische Ereignis vom 7. November: Im Fürstensaal des Rathauses leisten die schlesischen Stände Friedrich II. den Treueeid. Die mehrere Jahrhunderte währende Teilautonomie Schlesiens war damit zu Ende. In Breslau wurde der Stadtrat der *Adelsrepublik* aufgelöst, ein Rathausregiment mitsamt neuem königlichem Direktor und deutschem Beamtenstab eingesetzt. Die Protestanten waren glücklich – sie konnten sich fortan freier entfalten und neue Kirchen errichten. Dagegen durften die Katholiken ihre Bildungsarbeit nur in neuen, vom Staat vorgegebenen Formen fortsetzen; so wurden die Geistlichen des Jesuitenordens nach dessen Auflösung 1773 Mitglieder des neugeschaffenen Königlichen Schulinstituts.

Mit den Preußen erhielt Breslau ein zunehmend klassizistisches Aussehen. Die interessantesten Bauten jener Zeit verdankt die Stadt Karl Gotthard Langhans (1732–1808), der auch das Brandenburger Tor in Berlin entworfen hat. Von seinem Breslauer Hatzfeld-Palais, das heute als Galerie für zeitgenössische Kunst dient, blieb das mächtige Portal erhalten. Auf der Dominsel entstand das Fürstbischöfliche Palais, aus der gleichen Zeit stammen das Spätgen-Palais (heute Historisches und Ethnografisches Museum), das Stadttheater, die Josef-Kirche und die Alte Börse am Salzmarkt.

Der neuerliche wirtschaftliche Aufschwung hatte 1763 mit dem Ende des Siebenjährigen Krieges eingesetzt, wobei sich Breslau nun allerdings verstärkter Konkurrenz durch Leipzig ausgesetzt sah. Lediglich den über Krakau laufenden Osthandel dominierte es weiter. Ausläufer der Französischen Revolution erreichten Breslau zu Beginn des 19. Jahrhunderts. Am 5. Januar 1807 gelang den napoleonischen Truppen die Eroberung der Stadt, der Tilsiter Frieden erlegte Preußen die Verpflichtung auf, die Festungsmauern Breslaus zu schleifen. Um angesichts der französischen Offensive die

➢ Nach Siebenjährigem Krieg und polnischen Teilungen: Ein neuer Hausherr in Schlesien

Existenz Preußens zu sichern, war die Realisierung der Stein-Hardenbergschen Reformen (1807-12) dringend notwendig. Diese bescherten den Breslauern das Recht auf städtische Selbstverwaltung, Gewerbefreiheit und freie Berufswahl, den Bauern Aufhebung der Leibeigenschaft. Auch das Bildungswesen wurde umgestaltet, das Vermögen der katholischen Kirche säkularisiert und für den Aufbau der überkonfessionellen Breslauer Universität (1811) eingesetzt.

Das Trugbild klassenübergreifender Versöhnung ist stets angesagt, wenn der Staat in Bedrängnis gerät. Die Bevölkerung Schlesiens ließ sich von den Reformen überzeugen, stand ihren preußischen Herren treu zur Seite und machte das Land zu einem Zentrum der Erhebung gegen Napoleon. In Breslau, wo die königliche Familie seit 1813 residierte, verkündete Friedrich Wilhelm III. am 17. März seinen berühmten Aufruf *An mein Volk.* Der Naturphilosoph Heinrich Steffens hat beschrieben, mit welcher Spannung die Rede erwartet wurde: »*Eine unermeßliche Menge Männer, vorzüglich Jünglinge, strömte nach Breslau; alle Häuser waren angefüllt, auf den Straßen wimmelte es; Scharnhorst war da, Gneisenau wurde erwartet; die hereinbrausenden Wogen einer mächtigen Zukunft hatten alle Gemüter ergriffen.*« Und so drängten sie denn zu den Waffen, erfaßt von der Flamme patriotischer Begeisterung: »*die Augen voll Tränen, zum ersten Mal von einem Gedanken ergriffen, von einer Meinung, von einem Gefühle des Vaterlandes*« (Karl von Holtei). - Dem Enthusiasmus deutscher Patrioten waren die französischen Truppen nicht gewachsen. Noch im gleichen Jahr wurden sie in der Schlacht von Katzbach aus Schlesien vertrieben.

Einen polnischen Staat gab es seit 1795 nicht mehr, sein Territorium war zwischen Rußland, Preußen und Österreich aufgeteilt. Nachdem sich die Hoffnung auf eine Rettung durch Napoleon zerschlagen hatte, mußten sich die Polen auf ihre eigene Kraft besinnen. Kleinadel und Bürgertum waren die Träger der Revolte von 1830, die sich gegen das zaristische Regime in Warschau richtete. Der Aufstand schlug fehl, und mehr als 9000 Kämpfer flohen vor den Strafmaßnahmen der Russen ins französische Exil. Die deutsche Öffentlichkeit begeisterte sich am polnischen Heldenmut, beim legendären Hambacher Fest 1832 wurden neben schwarz-rotgoldenen auch polnische Fahnen geschwungen. Auch von Breslau aus wurde das Streben des Nachbarvolks nach Unabhängigkeit unterstützt. Die Universität avancierte zum Zentrum der polnischen Nationalbewegung in Preußen, die slawische Literaturgesellschaft erfreute sich

Die schlesischen Weber

Im düstern Auge keine Träne,
Sie sitzen am Webstuhl und fletschen die Zähne:
»Deutschland, wir weben dein Leichentuch,
Wir weben hinein den dreifachen Fluch -
Wir weben, wir weben!

Ein Fluch dem Gotte, zu dem wir gebeten
In Winterskälte und Hungersnöten;
Wir haben vergebens gehofft und geharrt,
Er hat uns geäfft und gefoppt und genarrt -
Wir weben, wir weben!

Ein Fluch dem König, dem König der Reichen
Den unser Elend nicht konnte erweichen,
Der den letzten Groschen von uns erpreßt
Und uns wie Hunde erschießen läßt -
Wir weben, wir weben!

Ein Fluch dem falschen Vaterlande
Wo nur gedeihen Schmach und Schande,
Wo jede Blume früh geknickt,
Wo Fäulnis und Moder den Wurm erquickt -
Wir weben, wir weben!

Das Schiffchen fliegt, der Webstuhl kracht
Wir weben emsig Tag und Nacht -
Altdeutschland, wir weben dein Leichentuch,
Wir weben hinein den dreifachen Fluch,
Wir weben, wir weben!«

(H. Heine: Sämtliche Gedichte in zeitlicher Folge, hrsg. von Klaus Briegleb. Frankfurt 1993)

großen Zuspruchs bei polnischen, aber auch deutschen Studenten. Außerdem gab es Verlagshäuser, allen voran das Haus Korn (Herausgeber der Schlesischen Zeitung), in denen zahlreiche Bücher in polnischer Sprache gedruckt wurden.

Liberales Engagement, gegründet auf Unzufriedenheit mit restaurativer Politik und preußischem Absolutismus, manifestierte sich auch in den Auseinandersetzungen um die von der Frankfurter Nationalversammlung verabschiedete Verfassung (1848/49) und im Einsatz für die schlesischen Weber. Im Juni 1844 hatten diese gegen ihre Arbeitgeber revoltiert, deren Häuser geplündert und oft auch zerstört. Nachdem preußisches Militär den Hungeraufstand blutig niedergeschlagen hatte, erschien im *Vorwärts* Heinrich Heines Gedicht über *Die schlesischen Weber*, als verbotenes Flugblatt kursierte es wochenlang an der Breslauer Universität.

Heine nutzte geschickt die Parole, mit der 1813 die Kriegsfreiwilligen, darunter auch viele schlesische Weber, in den Krieg gegen Napoleon gelockt worden waren: »Mit Gott für König und Vaterland!« Gott und König standen fest vereint auf der Seite der Reichen, das Vaterland hintertrieb soziale Gerechtigkeit. Noch Ende des Jahrhunderts war es verboten, Heines Gedicht abzudrucken. Es inspirierte Gerhart Hauptmann zu seinem Drama

➢ Das Breslauer Rathaus im 19. Jahrhundert

Die Weber (1891) und Käthe Kollwitz zu ihrem berühmten Graphikzyklus (1897).
Für die deutsche Bourgeoisie, Kaufleute und Fabrikbesitzer, gab es freilich Grund zur Zufriedenheit. Besonders stolz auf Fortschritt und Wachstum zeigte man sich in Breslau, das während der Industriellen Revolution zu einer der größten Städte Preußens aufstieg. Schon 1842

Aus Reiseberichten...

J.E. Troschel

»Im ganzen genommen ist in Breslau eine gute Menschenart. Es herrscht Thätigkeit, Fleiß und größtentheils auch Sittsamkeit unter den Einwohnern. Ein Reisender, der sich nur 3 Wochen in einer so großen Stadt aufhält und nur einen geringen Theil derselben kennenlernt, kann nun wol davon nur unvollkommen nach dem, was er zu sehen und zu hören Gelegenheit hatte urtheilen, aber man merkts doch schon, wenn man sie täglich in ihrer Thätigkeit – und an ihren fröhlichen Feiertagen sieht, was der herrschende Geist in einer Stadt ist. Auffallend ist der Anblick, daß in Breslau und je näher man dem Gebirge kommt, so viele Frauenspersonen, auch junge unverheirathete, starke Kröpfe haben, von denen die Mannspersonen ganz frey sind. Man schreibt sie dem Gebirgswasser zu, aber das trinken doch auch Männer.« (J.E. Troschel, 1783)

J.E. **Troschel** war der erste einer ganzen Reihe von Autoren, die gegen Ende des 18. Jahrhunderts in die Oderstadt kamen und ihre Eindrücke literarisch festhielten. Im Troß des Geheimen Kriegsrats von Preußen gelangte 1791 Johann Friedrich **Zöllner** nach Breslau, vier Jahre nach ihm der Reiseschriftsteller Friedrich **Schulz**. Letzterem verdanken wir eine sehr präzise Ortsbeschreibung. Plätze und Straßen der schlesischen Hauptstadt wirkten auf ihn lebhafter als die von Berlin, die Bewohner Breslaus pries er als tüchtig und gewitzt.

J.W. Goethe

Auch **Goethe** war in dieser Stadt, wenn auch nur für wenige Tage. Er kam im Juli 1790 auf Wunsch des Herzogs Karl August von Sachsen-Weimar, um aufgetretene Spannungen zwischen Preußen und Österreich zu schlichten. Als er eintraf, waren die Auseinandersetzungen bereits bereinigt - Goethe hatte Zeit, das Land zwei Monate ohne feste Mission zu bereisen.

G.E. Lessing

Von Gotthold Ephraim **Lessing** dagegen weiß man, daß ihn die Stadt Breslau zur Niederschrift der *Minna von Barnhelm* inspirierte. Der Dichter lebte hier von 1760 bis 1765, also zur Zeit des Siebenjährigen Krieges, als Sekretär des Militärgouverneurs General von Tauentzien.
Berühmtester Gast jener Zeit war John Quincy **Adams**, von 1825 bis 1829 Präsident der Vereinigten Staaten von Amerika. Im Jahr 1804 wurden in mehreren Sprachen gleichzeitig seine *Briefe über Schlesien* veröffentlicht. Ähnlich wie schon Friedrich Schulz neun Jahre zuvor zeigte er sich tief beeindruckt vom Handelsgeist Breslaus, der »Geschäftigkeit« und »Lebhaftigkeit« der Kaufleute. Überrascht war er darüber, daß die Protestanten nur neun Kirchen besaßen, obgleich sich doch zwei Drittel der Breslauer als Lutheraner bezeichneten. »*Die übrigen 26 gehören folglich den Catholiken, worunter jedoch mehrere Klöster befindlich sind, und auf den Straßen trifft man eine Menge Mönche von allen Farben, ›und alle trugen den Betrug zur Schau, verkappt in schwarz, und weiß, und grau.*«

J.G. Fichte

Vom Philosophen Johann Gottlieb **Fichte** weiß man, daß er in Breslau eine längere Zwischenpause auf dem Weg nach Warschau eingelegt hat. Ob er hier großartige neue Ideen entwickelte, ist nicht bekannt.

war der erste Bahnhof entstanden; er sicherte die Verbindung zum oberschlesischen Industrierevier, sechs Jahre später auch nach Berlin, Leipzig und Krakau. 1856 war der Zentralbahnhof fertiggestellt, über Posen gab es Anschluß nach Stettin und Danzig. Durch Ausbau der unteren Oder wurden schließlich auch die Schiffahrtsverbindungen verbessert, der Oder-Spree-Kanal erlaubte 500-Tonnen-Lastkähnen die Weiterfahrt bis Berlin und Hamburg.

Breslau war Umschlagplatz für Kohle und Erz, Lokomotiv- und Maschinen-, Holz- und Papierfabriken wurden gegründet. Und wo immer mehr Industriebetriebe entstanden, wurden natürlich auch Arbeitskräfte benötigt. Lebten in Breslau 1843 nur 103.000 Einwohner, so waren es 1871 bereits doppelt und 1900 viermal soviel. In der Stadt wurden Handelskammern und Banken eröffnet, Messen und Industrieausstellungen abgehalten. Zum Ausklang des Jahrhunderts feierte man die erste durch Breslau rollende elektrische Straßenbahn. 1910 wurde im Beisein Kaiser Wilhelms II. die legendäre Kaiserbrücke eingeweiht; im Jahr darauf konnte die Königliche Kunst- und Gewerbeakademie, weitere zwei Jahre später die Jahrhunderthalle (heute Hala Ludowa) eröffnet werden.

Das bis dahin zumeist von gutnachbarschaftlicher Toleranz geprägte deutsch-polnische Miteinander wurde in der zweiten Hälfte es 19. Jahrhunderts zunehmenden Belastungen ausgesetzt. Zuzuschreiben ist dies ist vor allem der preußischen Politik gegenüber dem polnischen Bevölkerungsanteil sowie dem von Bismarck nach der Reichsgründung 1871 ausgelösten Kulturkampf gegen den Katholizismus, und schließlich dem Verbot des Gebrauchs der polnischen Sprache in Schule und Universität. Mit allen Mitteln sollte verhindert werden, daß das Polentum - konfessionell und kulturell - auf Kosten des Deutschtums erstarkte und zu einer Gefahr für den Osten der preußischen Monarchie würde. Mit welcher Polenverachtung deutsche Nationalisten ans Werk gingen, verrät etwa der folgende Passus Otto von Bismarcks, der schon 1861 seine Haltung gegenüber dem Nachbarvolk im Osten in aller Klarheit darlegte: »*Haut doch die Polen*«, schrieb er, »*daß sie am Leben verzagen; ich habe alles Mitgefühl für ihre Lage, aber wir können, wenn wir bestehen wollen, nichts anderes tun, als sie ausrotten; der Wolf kann auch nicht dafür, daß er von Gott geschaffen ist, wie er ist, und man schießt ihn doch dafür tot, wenn man kann.*«

➢ Das Kollegiengebäude um 1920

Zwischen den Weltkriegen

Der amerikanische Präsident Wilson veröffentlichte im Januar 1918 seine berühmten »Vierzehn Punkte«, wonach als eine Konsequenz des Krieges im Sinne des Selbstbestimmungsrechts der Völker wieder ein unabhängiger polnischer Staat mit freiem Zugang zum Meer errichtet werden sollte. Auch in Gebieten, wo die Bevölkerung nicht – wie es Wilson als Voraussetzung deklariert hatte – »unbestritten polnisch« war, begannen nationalbewußte Polen, für die Einbeziehung ihrer Region in den neuzuschaffenden Staat zu agitieren. Die polenfeindliche Politik der preußischen Regierung vor 1914 zeigte jetzt ihre Wirkung. Schlesien begann sich zu desintegrieren. 1919 wurde das Hultschiner Ländchen der Tschechoslowakei zugesprochen, zwei Jahre später zwang ein Völkerbundbeschluß die Deutschen, große Teile Oberschlesiens an den neugegründeten polnischen Staat abzutreten. Vorausgegangen waren deutsch-polnische Gefechte am Annaberg, Bombenattentate und Mißhandlungen auf beiden Seiten. »*Die Saat des Hasses*«, so Wolfgang Plat, »*die mit den nationalistischen Greueln in Oberschlesien in den Jahren 1919 bis 1921 gesät wurde, sollte im September 1939 furchtbar aufgehen.*«

Das niederschlesische Breslau blieb von diesen Exzessen verschont und stieg auf zur wichtigsten Industriestadt Ostdeutschlands. Der polnischen Gemeinde wurden zahlreiche Sonderrechte gewährt. Obwohl sie mit 20.000 Einwohnern nur 3% der

Bevölkerung ausmachte, wurde ihr ein eigenes Konsulat zugestanden, auch durfte sie die Zeitung *Polak w Niemczech* (Der Pole in Deutschland) herausgeben. Doch gab es nicht wenige Deutsche, die polnische Kultur am liebsten verboten gesehen hätten. Gar auf Liquidierung aller slawischen Ursprünge in Schlesien setzten die Nationalsozialisten. Bei den Wahlen erreichten sie in Breslau 1930 24,2% und 1932 schon 43,5%. Ein Jahr später übernahmen sie im Deutschen Reich die Macht. Unter dem neuen Reichskanzler Hitler ging es auch in Breslau an allen Fronten »vorwärts«. Das Verkehrssystem wurde in den folgenden Jahren um Autobahn, Häfen und Kanäle erweitert, damit einher ging die Steigerung der Wirtschafts- und insbesondere der Rüstungsproduktion. Im April 1939 wurden die preußischen Provinzen Nieder- und Oberschlesien vereinigt, sechs Monate später um einen Teil Posen-Westpreußens erweitert. Nach der Errichtung des »Protektorats Böhmen und Mähren« kam am 15. April 1939 auch das Hultschiner Ländchen, das zum Staatsgebiet der Tschechoslowakei gehört hatte, an Schlesien zurück.

»*Polens Existenz ist unerträglich, unvereinbar mit den Lebensbedingungen Deutschlands. Es muß verschwinden und wird verschwinden*« – so hatte Hans von Seeckt, der Chef der deutschen Heeresleitung bereits 1922 prognostiziert, und eine große Zahl deutscher Schriftsteller und Publizisten leistete das Ihre, um deutsche Gehirne aufzuheizen und einzustimmen auf die anstehende Revanche. »*Erst mußte die Vorstellung von einem angetanen Unrecht geschaffen werden, dann konnte man die ›Wiedergutmachung‹ in Aussicht stellen. Erst mußten die Polen in der Vorstellung der Nationalisten als Untermenschen dastehen, dann konnte man an die Ausrottung herangehen. Erst mußte man sich an die Vorstellung gewöhnen, daß der Heldentod ein ›süßer‹ Tod ist, dann war der Tod in Massen da.*« (D. Luschnat, S. 20)

Als mit dem Überfall der Deutschen Wehrmacht auf Polen am 1. September 1939 der Zweite Weltkrieg begann, lebten 625.000 Menschen in Breslau. Bis zum Herbst 1944 blieben ihnen Bom-

➢ Geschütze vor dem Arsenal

Schlesische Tageszeitung

AMTLICHES BLATT DER NSDAP UND ALLER ORDEN

Sonntagspost Heute neu

10. Jahrgang / Nr. 218

Breslau, Donnerstag, den 10. August 1939

Neue polnische Unverschämtheit:

„Danzig oder den Krieg!“

Provokationen der polnischen Presse am laufenden Band

Rumänische Reisebilder

➢ Schlesische Tageszeitung (1939)

benangriffe erspart (zum Schicksal der Juden vgl. S. 93). Als die Stadt Mitte Februar 1945 von sowjetischen Truppen umzingelt war, wurde sie zur Festung erklärt: Bis zum letzten Blutstropfen, so ordnete Gauleiter Hanke an, sollte die Stadt verteidigt werden. Ganze Häuserzeilen wurden vernichtet, um den Abwehrkampf besser organisieren zu können. Im Stadtteil Scheitnig ließen die Nationalsozialisten einen Flughafen bauen, damit ihre Parteiführer ausfliegen konnten. Als sich der stellvertretende Bürgermeister Spielhagen der systematischen Zerstörung der Stadt widersetzte, wurde er auf Befehl Hankes auf dem Marktplatz erschossen.

Nach mehrmonatiger Belagerung ergab sich die Wehrmacht den Einheiten der Roten Armee am 6. Mai 1945, vier Tage nach dem Fall von Berlin und einen Tag vor der bedingungslosen Kapitulation. 70% der historischen Bausubstanz waren zu diesem Zeitpunkt zerstört, besonders stark betroffen waren die Außenbezirke.

Breslau wird polnisch

Nach dem Zweiten Weltkrieg gab es eine große Bevölkerungsverschiebung von Ost nach West. Die neuen Staatsgrenzen Polens waren auf den Konferenzen von Jalta und Potsdam skizziert worden. Die Oder-Neiße-Linie markierte die Westgrenze, die Curzon-Linie wurde zur Ostgrenze. Damit hatte sich das polnische Staatsgebiet gegenüber 1939 weit nach Westen verschoben. Schle-

➢ Breslau 1945

sien, das südliche Ostpreußen, Pommern und Danzig gehörten nun zu Polen, die Gebiete Weißrußlands und der Ukraine fielen an die Sowjetunion.
Breslau, die Hauptstadt Niederschlesiens, wurde zu Wrocław. Alteingesessene Deutsche zahlten für die Kriegsverbrechen ihrer Landsleute und wurden, sofern sie nicht als *Autochthone* anerkannt wurden, in die Gebiete westlich der Oder vertrieben. Ihre Wohnungen bzw. das, was von ihnen übriggeblieben war, übernahmen Polen aus den ehemaligen polnischen Ostgebieten. Die meisten von ihnen kamen aus der Gegend um Lwów (Lemberg), jener Stadt, die 1939 von sowjetischen Truppen in Besitz genommen und nach dem Krieg als Teil der Ukraine einbehalten worden war. Ihren geliebten Dichter Aleksander Fredro brachten die Lemberger mit – seine Statue schmückt heute den Marktplatz.
Viele Neu-Breslauer aus dem ehemaligen polnischen Osten waren orthodox oder uniert. Als Gotteshäuser erhielten sie ehemalige katholische und protestantische Kirchen, die sie mit Ikonen und archaischen Fresken schmückten. Ebenfalls wichtig, zahlenmäßig freilich nicht so stark ins Gewicht fallend war der Bevölkerungszuzug von West- und Südeuropa. Polnische Remigranten aus Frankreich ließen sich in Breslau nieder, bald darauf auch eine große Zahl griechischer Kommunisten, denen die sozialistische polnische Regierung Zuflucht vor Verfolgung bot.
Der Wiederaufbau der Stadt gestaltete sich mühsam. Zuerst

machte man sich daran, die wichtigsten Industrieanlagen zu rekonstruieren und das Grundbedürfnis nach Wohnraum zu befriedigen. Geschäfte, Banken und Betriebe erhielten neue Besitzer, freilich nur für wenige Monate - denn dann folgte die Überführung in Volkseigentum. Kaufhäuser und Hotels wurden gleichfalls verstaatlicht, Privatinitiative blieb auf Kleinhandel und Handwerk beschränkt. Erstaunlich schnell wurde das Bildungssystem erneuert. Bereits im November 1945 konnte die nun polnische Universität ihren Lehrbetrieb aufnehmen, die kostbare Ossoliński-Bibliothek hatte man kurzerhand - samt technischer Ausstattung und wertvollem Bücherbestand - von Lemberg (Lwów) nach Breslau (Wrocław) verlegt.

Als im Dezember 1948 der Weltfriedenskongreß der Intellektuellen in Breslau stattfand, waren die Schrecken des Krieges noch allgegenwärtig. Vor dem Hintergrund der zertrümmerten Stadt malte Picasso seine berühmte Friedenstaube. Viel Zeit verging, bis mit den westlichen Nachbarn erste Verträge zur Grenzsicherung geschlossen werden konnten. Im Görlitzer Abkommen von 1950 einigten sich zwar die Regierungen Polens und der Deutschen Demokratischen Republik über die Festlegung der »Friedens- und Freundschaftsgrenze«, doch vergingen weitere 20 Jahre, bis auch zwischen der Bundesrepublik Deutschland und der Volksrepublik Polen ein Vertrag »über die Normalisierung der gegenseitigen Beziehungen« unterzeichnet wurde.

Die Polen durften sich freilich ihrer neuen Heimat nicht sicher sein: Eine Anerkennung der Grenzen war im Vertrag nicht enthalten, und auf den regelmäßig stattfindenden Pfingsttreffen agitierten die Vertriebenenverbände gegen alle deutsch-polnischen Brückenschläge. So mag verständlich werden, warum das Geschichtsbild in Breslauer Schulen lange Zeit unkorrekt war. Schüler lernten, daß ihre Stadt schon immer polnisch gewesen sei, sozusagen »urpiastisches Territorium«. Und der Kirchenfürst Kardinal Wyszyński wurde nicht müde zu verkünden: »*Hier* (im Dom) *erkennen wir unsere Zei-*

Auf dem Weg zu neuen Ufern

Der Schriftsteller Hugo Hartung hat die Flucht der Deutschen und die Ankunft der Polen miterlebt:

»Ein Menschenzug schiebt sich uns entgegen, mit Karren und Kinderwagen, elend, langsam trottend: Polen aus dem Gouvernement Lemberg, die in Schlesien die neue Heimat suchen. Wie Marionetten eines unbegreiflichen Schicksals bewegen sich die stummen Züge aneinander vorbei.« (Tagebuchnotizen)

chen! Wir waren hier, und nun sind wir wieder hier!«

Etwa um 1980 war der Wiederaufbau der Stadt weitgehend abgeschlossen. Zu diesem Zeitpunkt lebten in Breslau 600.000 Menschen, also fast ebenso viele wie vor dem Krieg. Die folgenden Jahre waren von heftigen innenpolitischen Auseinandersetzungen geprägt: Breslau wurde zu einem der Hauptzentren der unabhängigen Gewerkschaft Solidarność. Auf Streikaktionen folgte im Dezember 1981 die Verhängung des Kriegsrechts in ganz Polen, zahlreiche Arbeiterführer und Anhänger der Gewerkschaft wurden interniert. 1983 wurde das Kriegsrecht wieder aufgehoben, doch gelang es den regierenden Kommunisten nicht mehr, das Vertrauen großer Teile der Bevölkerung wiederzugewinnen.

Wieder ein paar Deutsche weniger

Mit der Wende wurden auch in Breslau zahlreiche Straßennamen umbenannt. Weitere deutsche Bezeichnungen sind aus dem Straßenbild verschwunden: Karl Marx, Friedrich Engels und Karl Liebknecht, Rosa Luxemburg und Klara Zetkin... Drei deutsche Namen durften bleiben - sie waren keiner Parteinahme für den Kommunismus verdächtig: Pestalozzi, Robert Koch und Wilhelm Röntgen.

Schrittweise wurde die Regierung entmachtet, 1989 mit Tadeusz Mazowiecki der erste nichtkommunistische Ministerpräsident gewählt. *Marktwirtschaft* lautete fortan das Zauberwort, angestrebt wurde eine Aufnahme in die westlichen Bündnissysteme von NATO und EU.

Am 14. November 1990 zeigte sich die Regierung der Bundesrepublik bereit, die bestehende deutsch-polnische Grenze völkerrechtlich anzuerkennen. Seitdem fühlt man sich etwas sicherer in der Stadt Breslau, wenn auch die Aktivitäten des deutschen Generalkonsulats bei einigen Bürgern Skepsis auslösen. Das nach jenem in New York zweitgrößte deutsche Generalkonsulat der Welt ist für die 700.000 Schlesier zuständig, die sich zur deutschen Minderheit bekennen.

Aufgrund des deutsch-polnischen Nachbarschaftsvertrags vom 17. Juni 1991 wurden ihre Rechte neu festgelegt. Sie durften sich in sogenannten Deutschen Freundschaftsvereinen organisieren und beim Konsulat Antrag auf doppelte Staatsbürgerschaft stellen: für viele eine gute Möglichkeit, Sozialhilfe vom deutschen Staat zu beziehen und nicht den Militärdienst in Polen ableisten zu müssen. Der begehrte deutsche Paß wurde, so war zu erfahren, bis zum

➢ Die als »Hänsel und Gretel« bekannten Häuser am Rynek

GALERIA
GALERIA

➢ Hochwasser 1997 (Fot. Zbigniew Stoklosa)

vergangenen Jahr bereits über 200.000 in Schlesien lebenden Bürgern bewilligt.
Nach Jahren des Dornröschenschlafs beginnt sich in Breslau vieles zu regen. Alljährlich finden in der schlesischen Hauptstadt zwölf Messen und gewerbliche Ausstellungen statt, ausländische Investoren haben die Aussicht auf raschen Profit erkannt. Ein Ereignis ganz besonderer Art war der 46. Eucharistische Weltkongreß 1997, an dem auch der Papst teilnahm. Dazu wurde die Innenstadt farbenprächtig aufpoliert und in eine touristische Attraktion ersten Ranges verwandelt. In altem Glanz erstrahlen seitdem die Häuser rund um den Marktplatz, pastellfarbene Fassaden kontrastieren mit Pflastersteinen aus frisch gebrochenem schlesischem Granit. Verspielt wirken die hochaufschießenden Jugendstillampen, deren eiserne Verzierungen von Hand geschmiedet sind. Autos sind von Ring und Salzmarkt verbannt, und es wird sichtbar, welch schöne Stadt Breslau einmal war und nun wieder ist. Fragt man im Rathaus, wie dieses Wunder hat finanziert werden können, erhält man erstaunliche Antworten. »*Wir bekommen keine Hilfe aus Warschau*«, klagt die Stadtkonservatorin Hawrylak, fast die gesamten Renovierungskosten habe die Stadt übernommen. Doch woher hatte diese das Geld? Die finanziellen Mittel für die Erneuerung, erfahren wir schließlich, stammten größtenteils aus dem Fonds des Jumbo-Kredits, den die deutsche der polnischen Regierung 1975 ge-

währt hatte. Die polnische Regierung braucht den Kredit nicht zurückzuzahlen, muß sich aber verpflichten, mit dem zur Verfügung gestellten Geld jene Projekte, die ein seit 1991 wirkender deutsch-polnischer Kooperationsfonds dafür bestimmt, zu finanzieren. Und es ist der Bundeskanzler persönlich, der die deutschen Mitglieder des in Warschau tagenden Ausschusses ernennt.

Alle Kraft voraus

»*Glück im Unglück für Breslau: In vielen Vierteln steht der Schlamm, doch die Altstadt konnte gerettet werden*« – so lautete die Überschrift in der Frankfurter Allgemeinen Zeitung vom 15. August 1997. Aufgrund schwerer Regenfälle in den Bergen war die Oder im Juli zu einer **Flutwelle** angeschwollen, die sich bald darauf durch die Vororte Breslaus wälzte. Der auf siebeneinhalb Meter über seinen normalen Stand angestiegene Strom drückte Hauswände ein und riß Dutzende von Brücken mit sich. Die Lage war dramatisch: Sämtliche Bewohner Breslaus wurden aufgerufen, die Altstadt mit allen ihnen zur Verfügung stehenden Kräften vor den Fluten zu schützen. Tausende freiwilliger Helfer fanden sich ein, um mit Hilfe von Sandsäcken das Gebiet zwischen Universität und Oper abzudichten. Und das schier Unmögliche geschah: Nicht ein Rinnsal gelangte in die Altstadt, während man sich ein paar Straßen weiter, im sogenannten *Bermuda-Dreieck* um die *ulica Traugutta* nur im Boot fortbewegen konnte.
Leszek Balcerowicz, Vorsitzender der Freiheitsunion, lieferte den trockenen Kommentar: »*Mit der Zahl der Taifune steigt der Wohlstand der Völker*«. Nach Behebung der Schäden blickten die Breslauer wieder nach vorn: Zum 1000jährigen Jubiläum der Breslauer Diözese (2000) wurde das Zentrum der Stadt an allen Ekken aufpoliert. Und seit Polen im Jahr 2004 der Europäischen Union beigetreten ist, fließen auch die ersehnten Brüsseler Fördergelder in die Stadt an der Oder – Breslaus neue Gründerzeit ist längst nicht vorbei, wohin man schaut, wird investiert und restauriert!

Breslau oder Wrocław?

»*Wir glauben, Wrocław ist eine polnische Stadt, polnisch wie Warszawa oder Kraków, wir fühlen uns hier gefahrlos und heimisch. Es ist die Stadt unserer Söhne. Wir müssen aber auch unseres Rechts sicher sein. Warum denn sollten wir also in der deutschen Sprache den Namen Breslau nicht gebrauchen?*«

Jan Łopuszański und Jan Miodek, Sprachwissenschaftler

Streifzüge und Erkundungen

1. Vom Tudor-Bahnhof in die Altstadt

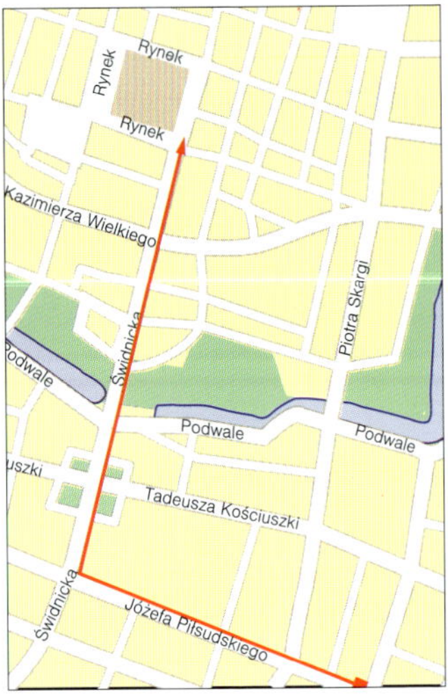

Der kluge Reisende, so das Kunstmagazin *art*, komme mit der Eisenbahn nach Breslau – *»nicht wegen der bösartigen Gerüchte über Autodiebstähle, sondern um sich das 1856 erbaute tudor-gotische Bahnhofsgebäude nicht entgehen zu lassen.«* Es war dies der erste große in Deutschland erbaute **Bahnhof**, und weil er mit grazilen Türmen und Zinnen geschmückt war, mochte er eher als Schloß denn als Zugstation erscheinen. Hier macht das Warten auf den Anschlußzug Spaß: Eine 200 Meter lange Wandelhalle birgt neben Kassenschaltern zahlreiche Geschäfte, Bars und Cafés, und selbst ein Kino darf nicht fehlen, das rund um die Uhr mit Vorstellungen lockt.

Über die geschäftige *Piłsudskiego*, die ehemalige Gartenstraße, geht es westwärts ins Zentrum der Stadt. Entlang der Straße stehen Hotels der Jahrhundertwende. Neben dem Hotel Polonia entdeckt man das ehemalige Landeshaus der Provinz Schlesien: Der neobarocke, wenngleich etwas angegraute Prachtbau wurde 1896 errichtet, zwei muskelprotzende Männerfiguren schmücken die Fassade. Die Buchstaben NOT am Portal sind das Emblem der Breslauer Handwerkskammer, der das Haus untersteht.

An der großen Kreuzung biegt man rechts in die *Świdnicka* ein, die ehemalige Schweidnitzer Straße. Seit ihrer Entstehung im 13. Jahrhundert ist sie Breslaus wichtigste Verkehrsader, zugleich ein Ort zum Bummeln und Einkaufen. Wenige Minuten später weitet sie sich zum **Plac Kościuszki**, quadratförmig und von monumentalen Bauten der 50er Jahre gesäumt. Im Südosten steht das traditionsreiche Hotel Savoy, im Nordosten das

➢ Der Breslauer Hauptbahnhof – ein Palast im Tudor-Stil

WROCŁAW GŁÓWNY
TAXI
LOMBARD LOMBARD

Kaufhaus Renoma, das der jüdische Kaufmann Wertheim in der Zwischenkriegszeit erbauen ließ. Dazwischen, im Medienzentrum EMPiK, findet man eine große Auswahl an Büchern, Zeitungen und Zeitschriften, teilweise auch in deutscher Sprache. Der Gedenkstein in der Mitte des Platzes erinnert an Tadeusz Kościuszko, den legendären polnischen Freiheitshelden, der mit dem Aufstand von 1794 die drohende endgültige Teilung Polens abzuwenden suchte. Bis 1945 war der Platz nach einem anderen Militärführer benannt: der preußische General Friedrich von Tauentzien hatte die Stadt 1759 erfolgreich gegen die früheren habsburgischen Besitzer verteidigt.

Nach Überqueren des ehemaligen Stadtgrabens erblickt man zur Rechten ein elegantes klassizistisches Häuschen, das in krassem Kontrast zur kargen, dahinter aufragenden Corpus-Christi-Kirche steht. In der ehemaligen Torwache ist seit 1974 eine **Galerie** untergebracht, die vor allem zeitgenössische Graphik ausstellt.

Folgt man der Schweidnitzer Straße nordwärts, gelangt man zum Theaterplatz, wo eine historische Straßenbahn (vorerst noch) am Wochenende zur Stadtrundfahrt einlädt.

Die **Oper** zur Linken präsentiert sich als ehrwürdiger Tempel der Kultur: Mit ihrem imposanten Säulenportikus knüpft sie an antike Vorbilder an, blendet mit Eleganz und Strenge. Gemütlicher wirkt das kleine Café Blikle im südlichen Seitenflügel, wo es Breslaus besten Kuchen zu kosten gibt.

Hinter der Oper erhebt sich das 1894 erbaute **Hotel Monopol**, einst Breslaus vornehmste Unterkunft. Hier stieg die Prominenz ab, wenn sie in der Stadt weilte; »berühmtester« Gast war Adolf Hitler, der in der Fürstensuite im ersten Stock logierte. Die gewaltige **Dorotheenkirche** (*Kościół Św. Doroty*), die das Hotel Monopol überragt, ließ der deutsche Kaiser Karl IV. 1351 für die Augustiner erbauen, ihre architektonische Strenge paßte vortrefflich zum mönchischen Ideal der Askese. Luther, selber ein Mitglied des Ordens, konnte zahlreiche Augustiner für seine Erneuerungsbewegung gewinnen. Als *»gleichermaßen überzeugend wie temperamentvoll«* lobte der Stadtchronist die 1524 hier gehaltene Predigt, die den Protestantismus in Breslau einläutete. Wer die Kirche betritt, wird von ihrer Größe und Helligkeit überrascht; als Meisterwerk der Bildhauerkunst gilt das im Stil des Rokoko errichtete Grabmal des Gottfried von Spätgen.

Neben der Backsteinkirche wirkt das 1993 erbaute **Einkaufszentrum Solpol** wie ein greller Farbtupfer: Ein Glasturm thront auf einer Bastion, blaue Säulen und rote Fensterrahmen befrie-

➢ Gründerzeitliches Flair: Kaufhaus Podwale

digen Polens Bedürfnis nach poppiger Architektur. Kurz darauf stößt man auf die laute *Kazimierza Wielkiego*, die den Breslauer Verkehr um den Kern der mittelalterlichen Altstadt herumleitet. In der Straßenunterführung stehen ärmlich gekleidete Bauern; sie bieten geräucherten Käse und Honig, manchmal auch Blumen an – doch die meisten Passanten gehen achtlos an ihnen vorbei. Sie hasten die Treppe hinauf, rasch weiter zum nächsten Schnellrestaurant oder zu einem der großen Kaufhäuser, heißen sie nun Merkur oder *Dom Rzemiosła Artystycznego* (Haus des Kunsthandwerks).

2. Der Ring, das Herzstück Breslaus

Der Ring (polnisch *Rynek*) ist ein Jahr nach dem Mongolensturm von 1241 entstanden: als großer Marktplatz und Mittelpunkt der Stadt. Hier wurden Waren feilgeboten und Geschäfte abgewickelt, Ratsbeschlüsse ausgerufen und Strafen vollstreckt. Die ringsum aufgezogenen, mit Reliefs verzierten Häuser gehörten reichen Bürgern, standen feudalen Adelspalästen in Glanz und Pracht kaum nach.

Der Platz ist nahezu rechteckig (212 x 175 m), elf Gassen münden in ihn ein. Seine Größe kann man am besten morgens erfassen. Dann ist es noch still, nur die Putzkolonne ist unterwegs. Eifrig werden die Besen geschwungen, erste Blumenfrauen kommen vorbei und postieren sich auf dem Salzmarkt. Nur langsam beginnt sich der Rynek zu füllen. Geschäftsleute mit Aktentasche hasten vorbei, Studenten schlendern zu ihren Seminaren. Am Abend freilich brodelt es: Alt und jung flanieren um das Rathaus, stärken sich mit Eis, Pizza und Pommes frites. Bars und Terrassencafés sind bestens gefüllt, das Fredro-Denkmal ist von jungen Leuten belagert. Noch später vielleicht ein anderes, surreal anmutendes Bild: Aus der Dunkelheit nahen Straßenkünstler und präsentieren ihr neuestes Stück; auf Stelzen schieben sie sich durch die Menge und erhellen die Nacht mit lodernden Fackeln.

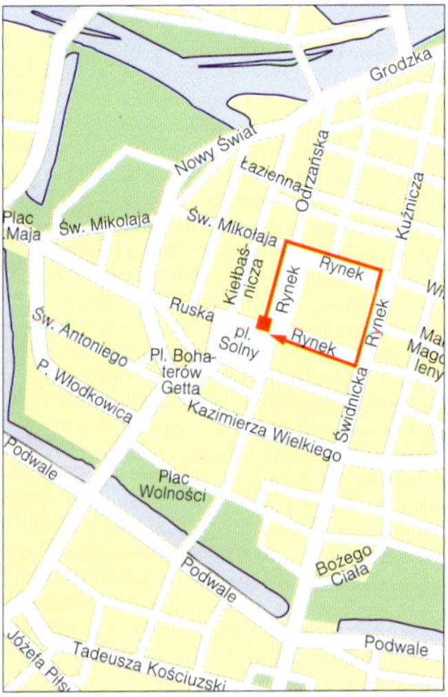

Westseite des Rings

Besonders schön ist die nach den sieben Kurfürsten benannte Westseite des Platzes. Zusammen mit Kaiser Leopold I. sind die Landesherren auf dem ockerfarbenen Haus Nr. 8 abgebildet. Die Fresken schuf Giacomo Scianzi (1672), ein aufgrund seines dynamischen Pinselstrichs beim Breslauer Patriziat hochgeschätzter italieni-

➢ Haus der Kurfürsten

scher Künstler. Das mächtige Eingangsportal ist mit dem Doppeladler der Habsburger verziert, die gotischen Räume des Erdgeschosses beherbergen ein aus Lemberg übernommenes Buchgeschäft. Wer die Medaillons über den Fenstern des ersten Stockwerks genauer studiert, kann deutsche Worte entziffern. In gotisch-verschnörkelter Schrift ist zu lesen: »*Deme Gott und die höchste Obrigkeit wol viel, schadet kein Neyder noch Verleumder.*« Was soviel heißen soll wie: Wer Erfolg hat, dem kann Neid nichts anhaben.

Links neben dem Palais der sieben Kurfürsten steht das einzige Haus, das sich nicht in die Architektur des Marktes einfügt. Die modernistische Eisenbetonkonstruktion, die Ende der 1920er Jahre entstand, wirkt inmitten der verspielten Marktarchitektur störend. Seit 1931 hat dort ein Bankhaus seinen Sitz – früher die deutsche Sparkasse, heute die polnische Bank Zachodni (Westbank).

Das Palais Zur blauen Sonne (Nr. 7) geht auf ein Haus des 15. Jahrhunderts zurück. Einst gehörte es dem deutschen Kaufmannsgeschlecht Boner aus Krakau, zuletzt war es im Besitz der Thyssen-Familie. Nach seiner Restaurierung erstrahlt es im Stil des Art Nouveau: Zwischen den Fenstern tanzen Frauen mit wehendem Haar und Gewand, ein goldener Blumenfries separiert die Etagen. Ebenso wie im angrenzenden Palais Zur goldenen

➢ Palais Zur blauen Sonne

Sonne (Nr. 6) logierten hier böhmische und habsburgische Monarchen, so etwa König Władysław II. (1511), König Ferdinand I. (1527) und Kaiser Rudolf II. (1577). Das Sonnenpalais gehörte zu jener Zeit der Bankiersfamilie Bockwitz, die für ihre Verdienste am Habsburger Hof in den Adelsstand erhoben wurde. 1742 verkündete vom Balkon des Hauses Militärgouverneur General von Marwitz den Frieden von Breslau, das Ende des ersten Schlesischen Krieges: Österreich verzichtete zugunsten Preußens auf den größten Teil Schlesiens. Heute ist in dem Palais eine **Abteilung des Ossolineum** untergebracht, jener großen Bibliothek, die nach 1945 von Lemberg nach Breslau überfuhrt wurde. Wer sich an den Exponaten nicht zu begeistern vermag, findet vielleicht an den Museumsräumen Gefallen. Eindrucksvoll belegen sie, wie geradezu fürstlich Breslaus Patrizier lebten. Besonders schön ist der Barocksaal im ersten Stock mit ovalem, von üppigem Stuckwerk eingefaßtem Deckenfresko.

Auch im **Polnischen Hof** (Dwór Polski, Nr. 5) waren berühmte Herren zu Gast, z.B. Władysław IV., der spätere König von Polen. Er wohnte hier 1619 und stattete seinem Onkel, dem Breslauer Bischof, einen Besuch ab. Fünf Jahre später kehrte er inkognito zurück; wie die Fama zu berichten weiß, hat er bei dieser Gelegenheit seine zukünftige Frau, Prinzessin Anna von Habsburg kennengelernt. Der Polnische Hof birgt noch heute ein Hotel, Restaurant und Café. Durch Portal und Arkadenhof gelangt man zur *Kiełbaśnicza*, wo sich mehrere interessante Galerien und Einkaufsläden befinden. Sehr viel schlichter präsentiert sich das hellgrüne, im 18. Jahrhundert erbaute Haus **Zum goldenen Adler** (Nr. 4). Über dem Barockportal steht in leuchtenden Lettern *Lwowska* (Lemberger Gasthaus); die mit historischen Aufnahmen Lembergs dekorierten Innenräume stimmen nostalgisch. Das wohl bekannteste Patrizierpalais Breslaus ist das siebenstöckige **Greifenhaus** (Nr. 2), dessen Giebel von weißen Pelikanen, Adlern und Greifen geschmückt ist. Das Haus entstand im 15. Jahrhundert, in seinen mehrstöckigen Kellergewölben lagerten riesige Warenmengen: fernöstliche Gewürze, sibirische Pelze und Gold. Heute ist im Erdgeschoß das Café Pod Gryfami untergebracht, das mit leckerem Kuchen aufwartet.

In der Nordwestecke des Marktes eröffnet sich ein interessanter Ausblick. Vor der gewaltigen Backsteinfassade der Elisabethkirche (➤Vom Salzmarkt zum Arsenal) kauern die Altaristenhäuser *Hänsel und Gretel*, durch einen Torbogen malerisch miteinander verknüpft. Einst ging man unter dem Bogen zum Friedhof hindurch, die lateinische Inschrift *Mors ianua vitae* wies den Weg (Der Tod, das Tor zum ewigen Leben). Die Leichen der Anführer des Aufstands der Zünfte von 1418, hingerichtet auf Befehl Kaiser Sigismunds, liegen unter den zur Kirche führenden Steinplatten verscharrt. Ein Denkmal erinnert an den in Breslau geborenen Dietrich Bonhoeffer (1906-1945), der seinen Widerstand gegen den Nationalsozialismus mit dem Leben bezahlte - 1945 wurde er im Konzentrationslager Flossenbürg ermordet.

Nordseite des Rings

Die Nordseite des Marktplatzes trug früher den Namen Naschmarkt: Süßwarenhändler verkauften hier ab dem 15. Jahrhundert Honig und Leckereien. Die Fassaden der Häuser glänzen in Rosa-, Rot- und Ockertönen, dazwischen schieben sich Bauten aus hellem Sandstein. Das Haus Zum schwarzen Adler (Nr. 59) birgt einen Buchladen, im angrenzenden Jugendstilbau (Nr. 58) findet man eine Bibliothek mit freskenbemalter Eingangshalle. In guter alter Traditon gibt es an der Nordseite mehrere Konditoreien mit Cafés; hier treffen sich ältere Damen, die sich eine Tasse Kaffee leisten, neben ihnen sitzen Neureiche, die Haute Couture zur Schau stellen.

Ostseite des Rings

Die Grüne-Röhr-Seite an der Ostflanke des Platzes trägt ihren

Namen in Erinnerung an einen grünen Rohrbrunnen, aus dem die Marktleute ihr Wasser schöpften. Jüdische Kaufleute durften sich im Nordabschnitt niederlassen, doch bereits südlich des Hühnermarkts (*Kurzy Targ*) war die Häuserfront wieder fest in christlicher Hand. An der Ecke Adalbertstraße (*Wita Stwosza*) leuchtet dem Betrachter ein goldener Hund entgegen. Nach ihm ist nicht nur das Haus Nr. 41, sondern auch das im Kellergewölbe gebraute Bier benannt (*Złoty Pies*). Gern erzählt der Besitzer eine Legende aus dem 12. Jahrhundert. Damals wohnte in dem Gebäude ein Adliger, der stets um Mitternacht das Haus verließ, um seinen Hund auszuführen. Im Mondlicht erstrahlte das Fell des Tieres in so hervorstechenden goldenen Farben, daß die Bewohner Breslaus es für einen verzauberten Geist hielten.

Merkur, antiker Schutzpatron der Kaufleute, schmückt das Nebenhaus (Nr. 39/40). Wo früher Louis Levy ein Kaufhaus für Haute Couture betrieb, ist auch heute wieder ein Modesalon untergebracht. Ernst Heimann, bis 1933 einer der wichtigsten Bankiers Deutschlands, war Besitzer des nachfolgenden Hauses Zum goldenen Stern (Nr. 34) und des heute von der Bank PKO benutzten Eckhauses (Nr. 33). Der hier abzweigende Hühnermarkt, eine breite, zur Magdalenakirche führende Straße, war – so nachzulesen in Barthel Steins Reisebeschreibung von 1513 – nicht nur eine gute Adresse für Geflügel, sondern auch für Wildbret, Früchte und Gemüse.

Auf das Warenhaus Feniks (Nr. 31) folgt das reliefgeschmückte ehemalige Rathaus (Nr. 30), das 1707 barockisiert und in einen Gasthof verwandelt wurde. Darin übernachteten die sächsischen Könige, wenn sie auf dem Weg von Warschau zu ihrer Dresdener Residenz waren. Das Nachbarhaus Zur goldenen Krone (Nr. 29) ist heute im Besitz des Reisebüros Orbis; die gezackte Renaissanceattika war ein Auftragswerk des exzentrischen Bischofs Jan Turzo.

Südseite des Rings

Die Südseite des Platzes ist nach dem Haus Zum goldenen Becher benannt (Nr. 22). Darin hatte die berühmte Schweidnitzer Brauerei ihren Sitz, die durch einen unterirdischen Gang mit dem Rathauskeller verbunden war. Bevor man das Haus erreicht, passiert man die Breslauer **Post**. Gleich daneben befindet sich das Haus Zum goldenen Pokal (Nr. 26), das der Kaufmannsfamilie Becker gehörte. Von ihren weitgespannten, bis nach Übersee reichenden Geschäftsbeziehungen zeugen die Reliefs von Kutsche und Schiff.

➢ Am Hühnermarkt

Noch bekannter in der Welt des Handels waren die Fugger, die im schmalen Haus Nr. 21 eine Wechselstube unterhielten. Ursprünglich einfache Weber, hatten es die Fugger im 15. Jahrhundert als Tuch- und Gewürzhändler, später als Bankkaufleute zu Ruhm und Ansehen gebracht. Reich machte die Familie der Handel mit Venedig, auch dominierte sie den Bergbau in der gesamten Alpenregion und den Karpaten. Die Fugger stellten Wechselbriefe aus, die in der gesamten damals bekannten Welt bargeldlosen Zahlungsverkehr ermöglichten. Kaiser Maximilian I. lieh sich von ihnen Geld und gestand ihnen dafür das Verkaufsmonopol für europäisches Kupfer und Silber zu. Auch Karl V. pflegte gute Kontakte zu den Kaufleuten - seine Wahl zum Kaiser verdankte er fuggerschen Bestechungsgeldern. Von Jacob Fugger heißt es in der Familienchronik: »*Er hat den Fuggerschen Namen an Ehren und Gut sehr hoch gebracht, denn er hat sich vorgenommen, den vorigen Handel mit Spezerei, Seiden und Wolle nicht mehr zu führen, sondern begab sich auf Bergwerke und Wechsel.*« Die abgebildete Szene ist typisch für das Auftreten des Bankfürsten: Während Matthäus Schwarz, sein Buchhalter, erstaunlich gut gekleidet ist, wirkt der mächtige Fugger eher ärmlich. Im Hintergrund sind die Namen einiger Orte zu erkennen, mit denen es Handelsbeziehungen gab: z.B. Venedig, Craca (Krakau) und Lisbona (Lissabon).

➢ Jacob Fugger und sein Buchhalter (1520)

Am Ring Nr. 20, gleich neben der Wechselstube, haben die Fugger standesgemäß residiert, später hatte hier der traditionsreiche Verlag Korn seinen Sitz. Er gab die *Schlesische Zeitung* heraus und publizierte zahlreiche polnischsprachige Bücher. In Würzburg existiert der Verlag fort, unter dem Namen Bergstadtverlag Wilhelm Gottlieb Korn veröffentlicht er Schriften zur Geschichte Breslaus.

An eine makabre Facette städtischen Lebens erinnert das Haus Zum alten Galgen (Nr. 19). Bis

➢ Blick auf die Südseite

zur Mitte des 14. Jahrhunderts wurden hier die Todesurteile vollstreckt, dann wurde der Galgen an die Ostseite des Rathauses versetzt. Eine dunkle Passage, die ehemalige Galgengasse, führt zur Dorotheenkirche, wo die Verurteilten ihren letzten Segen erhielten.
Im Haus Nr. 19 befand sich im 19. Jahrhundert die Redaktionsstube einer bedeutenden, von David Immerwahr herausgegebenen Zeitschrift, die polnischen und deutschen Intellektuellen als Sprachrohr diente. Berühmt wurde seine Enkelin Clara Immerwahr, eine begeisterte Naturwissenschaftlerin.
»*Unser erster weiblicher Doktor*«: verkündete am 22. Dezember 1900 stolzgeschwellt die *Breslauer Zeitung*. Clara war an der Breslauer Universität als erste Frau mit dem Doktortitel ausgezeichnet worden. Während der feierlichen Zeremonie wurde die »*doctissima virgo*« allerdings an ihre weiblichen Pflichten gemahnt. Es stünde einer Frau eigentlich nicht an, an den »Grundfesten der Gesellschaft« zu rütteln und ein der Wissenschaft geweihtes Leben zu führen. Als Clara Immerwahr ihren ›weiblichen Pflichten‹ nachkam und heiratete, wurde ihr diese Verbindung zum Verhängnis. Die Forschungsvorhaben ihres Mannes Fritz Haber (1868–1934, ebenfalls gebürtiger Breslauer), der zu Beginn des Ersten Weltkrieges maßgeblich an der Entwicklung neuer Kampfgase be-

➢ Haus unterm Engel

teiligt war, begriff sie als »Perversion der Wissenschaft«. Aus Verzweiflung machte sie ihrem Leben am 2. Mai 1915 ein Ende. 1918 erhielt Fritz Haber den Chemienobelpreis für die Erfindung der Ammoniaksynthese. Kritischen Wissenschaftlern kann heute der Clara-Immerwahr-Preis verliehen werden. Initiator dieser Ehrung ist die Vereinigung *Ärzte gegen den Atomkrieg.*

Im Bacchus, dem Haus Nr. 16, lohnt ein Besuch der mittelalterlichen Keller. Es gehörte lange Zeit dem Kaufmann Elias, der hier eine Textilmanufaktur mit 30 Arbeitern betrieb. Berühmter als der Geschäftsmann ist freilich sein Sohn Norbert, der zu den wichtigsten Sozialwissenschaftlern des 20. Jahrhunderts zählt (➛Portraits). Die Breslauer **Touristeninformation** (Nr. 14) versorgt Besucher mit aktuellen Tips, das Haus unterm Engel (Nr. 13) repräsentiert eines der schönsten Beispiele für die Breslauer Sezession.

3. Rathaus und Tuchhallen

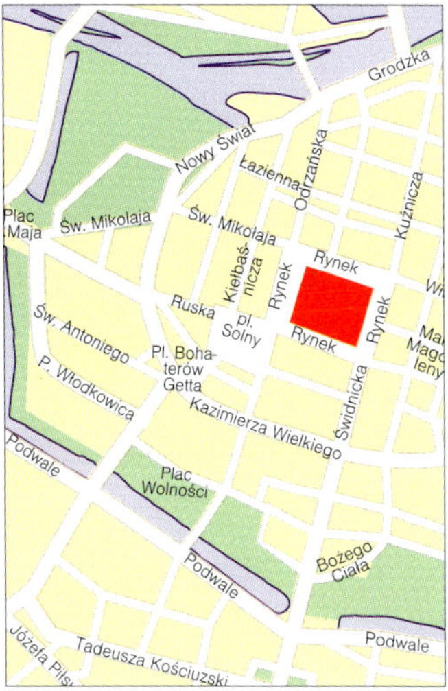

»Das Kleinod Breslaus, das Rathaus, das in seiner behaglichen Pracht und seiner phantasievollen Fülle manches andere im Reich aussticht, ist langsam zusammengewachsen, und trotz des Reichtums seiner Motive, der Giebel, Erker, Türme, Fialen und Friese durch einen unnennbaren und unlehrbaren Zauber ein Ganzes geworden. Es ist das würdigste Haus einer mächtigen Handelspolitik.« (Ricarda Huch, 1927)

Das **Alte Rathaus** steht mitten auf dem Marktplatz und ist das Wahrzeichen Breslaus: einer der schönsten Profanbauten aus dem späten Mittelalter und der Frührenaissance. Mitte des 13. Jahrhunderts gab es hier nur ein kleines Backsteinhaus: Breslauer Kaufleute boten ihre Waren feil, die Keller dienten ihnen als Lager. 100 Jahre später nahm das Haus die Züge eines Rathauses an. Es wurde schrittweise aufgestockt, erhielt Ratssaal, Gerichtsstube und Kapelle; erhöht wurde auch der Turm, dessen Uhr fortan den Tagesablauf der Bürger disziplinierte. In Breslaus wirtschaftlicher Blütezeit (um 1500) erhielt es seine endgültige Gestalt. Heute dient das Rathaus als **Städtisches Museum**; Besucher können durch die prachtvollen Räume spazieren und sich anhand wechselnder Ausstellungen die Geschichte Breslaus vergegenwärtigen.

Den schönsten Ausblick auf das Rathaus hat man von der Südostecke des Rings. Von hier sieht man den gotischen Hauptgiebel mit mehreren Schmucktürmchen und verschlungenem Maßwerk. Darunter prangt eine **astronomische Uhr** aus dem Jahr 1580: Eine Sonnenkugel mit goldenem Finger zeigt die Stunden, ein schlafender Halbmond die Mondphasen an. Die geheimnisvollen Zeichen in den Ecken der Uhr entstammen der ägyptischen

➢ Oben:
Die astronomische Uhr
am Ostgiebel des Rathauses

➢ Unten:
Eingang zum Schweidnitzer Keller

Schrift und symbolisieren die Jahreszeiten. Unter der Uhr ist cin kleiner Erker angebracht, der jahrhundertelang als Nachrichtenbörse diente: Hier wurden Gesetze ausgerufen und politische Ereignisse bekanntgegeben.

An den städtischen Strafvollzug gemahnen die beiden Steinfiguren am Portal. Links der kraftstrotzende Vogtknecht: »*Ich bin ein foytknecht, wer nicht recht tut den fore* (fordere) *ich vor recht*« - und rechts der dralle Stadtwächter, ein Mann mit Schwert und Spieß: »*Ich bin des rats gewappnet man, wer* (mich angreifen will) *mus ein swert han.*« Vogtknecht und Stadtwächter verkörperten die öffentliche Gewalt. An der Staupsäule wurden die Verurteilten an den Pranger gestellt, zum Gespött der Leute verprügelt oder gar enthauptet - so geschehen ein letztes Mal 1681.

Ein reich geschmückter Erker leitet über zur herrlichen Südfassade, einem Panoptikum mittelalterlicher Steinmetzkunst. Auf fast 50 Metern Länge ist die Wand mit geometrischen Ornamenten, Pflanzenmotiven und Figuren verziert, zwei umlaufende Friese zeigen einen bunten Alltagsreigen. Auf Konsolen stehen ehrwürdige Figuren, dargestellt sind Breslauer Berufe und Stände. Unter dem mächtigen Mittelerkcr befindet sich Breslaus traditionsreichstes Gasthaus, der **Schweidnitzer Keller** (Piwnica Świdnicka).

Ein derb-amüsantes Figurenpaar weist den Weg: Ein krugschwenkender Zecher kehrt heim und wird von seiner Frau mit Prügel empfangen. Das Bier, nach dem der Keller benannt ist, floß über 500 Jahre. Erst 1945 sind die Quellen versiegt, das Piast-Bier, das jetzt hier ausgeschenkt wird, ist nach Meinung der alten Breslauer verwässert und schwach. Der Schweidnitzer Keller war Breslaus wichtigster Treffpunkt. Hier kamen unterschiedliche Schichten der Gesellschaft zusammen, säuberlich nach Räumen getrennt. Man saß im Bauern- oder Bürgerkeller, im Schöffen- oder Hansagewölbe. Die städtischen Honoratioren trafen sich im Ratsherrenstübel, Studenten bevorzugten das Räucherloch. Heute ist der Schweidnitzer Keller nach einer Totalrenovierung wieder Breslaus »erste Adresse«, man kann je nach Gusto und Geldbeutel zwischen neun Sälen wählen.

Der Uhrturm an der Westseite des Rathauses hatte für die Breslauer stets eine wichtige Funktion: Nachts verkündete ein Trompete blasender Wächter die verrinnenden Stunden, tagsüber gab ein Flötenspieler die Essenszeiten bekannt. Heute befindet sich am Fuße des Turms der Eingang zum ➛**Städtischen Museum**.

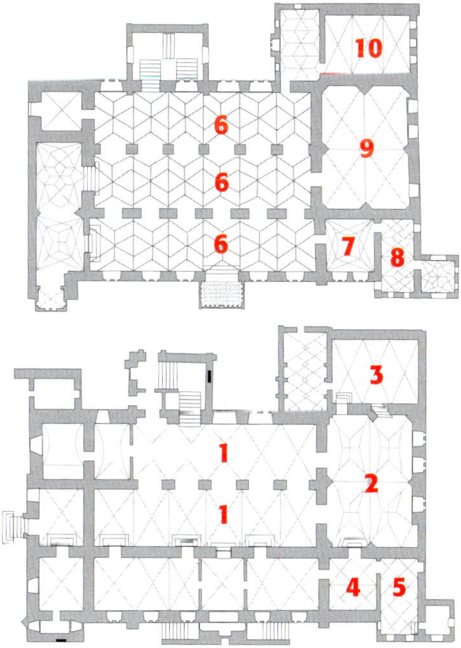

➢ Grundriß des Rathauses (Erd- und Obergeschoß)

1 Bürgersaal
2 Gerichtssaal
3 Ratsstube
4 Grüner Saal
5 Bürgermeisterstube
6 Remter
7 Kammer des Ratsältesten
8 Schatzkammer
9 Fürstensaal
10 Schöffensaal

Über dem Portal prangt das Breslauer Wappen, als riesenhaftes Mosaik vor der Freitreppe reproduziert. Das Denkmal Friedrich Wilhelms II. wurde nach dem Kricg demontiert und durch eine Statue von Aleksander Fredro (1956) ersetzt. Die von Galizien nach Schlesien umgesiedelten Neubürger hatten »Polens Molière« aus Lemberg mitgebracht: ein Stück Heimat in dieser für sie fremden Stadt.
Hinter dem Museumseingang öffnet sich der weite, 1616 geschaffene Bürgersaal, der früher einmal den ärmeren Breslauern zu Spiel und Tanz gedient hat. Heute ist dort eine Galerie berühmter, auch deutscher Bres-

➢ Das neue Rathaus (links) und das Alte Rathaus (rechts) mit dem Eingang zum Städtischen Museum

lauer mit Büsten u.a. von Ferdinand Lassalle, Max Born und Edith Stein untergebracht. Hinter dem Bürgersaal liegt der Gerichtsraum, dessen Sterngewölbe auf einem einzigen Pfeiler ruht. Ein Renaissanceportal zur Linken weist den Weg in die Ratsstube: Der kleine Raum ist mit Tafelwerk ausgeschmückt, in das Intarsien geschickt eingelassen sind. Darüber prangen Barockbilder von Michael Willmann, dem »schlesischen Raffael«. Geht man vom Gerichtssaal nach rechts, kommt man in den Grünen Saal, wo früher die Stadtwacht untergebracht war.

➢ Oben: Breslaus Jugend zu Füßen des Dichters

➢ Unten: Im Remter des Alten Rathauses

Schönster Raum des Rathauses ist der Große Saal im Obergeschoß, **Remter** genannt. Hier feierte das reiche Bürgertum rauschende Feste, lauschte gelehrten Reden oder traf sich zu Versammlungen. Der Saal ist von einem kunstvollen Netzgewölbe überspannt; Schluß- und Kragsteine schmücken schöne, buntbemalte Reliefs. Man sieht Könige und Narren, Bürgermeister und Musikanten, dazwischen Fabelwesen und Tiere. Selbst auf der Ehrenloge im Mittelerker setzt sich die bizarre Figurengalerie fort: die Bürger mußten es sich gefallen lassen, von Affen parodiert zu werden. Vom Südschiff des Remters kommt man durch ein spätgotisches Portal ins Zimmer des Ratsältesten. Auch hier wieder ein schönes Sterngewölbe, ein Wandbild illustriert eine Ratssitzung des 17. Jahrhunderts: Rund um einen Tisch sitzen die Ratsherren, darunter Christian Hofmann von Hofmannswaldau, Dichter und Breslauer Ratspräsident. Eine Treppe führt in die Schatzkammer hinab, wo eine Sammlung von Münzstempeln an die städtische Finanzhoheit erinnert. Nebenan befindet sich der prächtige Fürstensaal, in dem von 1620 bis 1740 der schlesische Landtag seine Sitzungen abhielt. Vor jedem Treffen wurde hier eine Messe gelesen, auf daß göttlicher Segen die Tagesgeschäfte veredelte.

➢ Der Giebel des Neuen Rathauses

Nordwestlich des Stadtamts stand das Leinwandhaus, das 1863 dem **Neuen Rathaus** weichen mußte. Dieses wurde meisterhaft an das Alte Rathaus angepaßt, bei der Gestaltung der Fassade griff der Architekt auf gotische Vorbilder zurück. Wer genau hinschaut, erkennt an den Außenwänden Plastiken, die an die Tradition mittelalterlicher Steinmetzkunst anknüpfen. So sieht man den turbanumhüllten Kopf eines Kaufmanns aus dem Morgenland und derbe Zechszenen nahe dem Eingang zum Kellerrestaurant Spiż. Es lohnt sich auch, einen Blick ins Innere des restaurierten Rathauses zu werfen (Eingang *Sukiennice* 9): Das neugotische Gewölbe im Treppenhaus ist mit rot-goldenen Ornamenten verziert, reich geschnitzte Eichentüren führen in komfortable Büroräume.

Die labyrinthisch anmutenden Häuserzeilen hinter dem Neuen Rathaus waren einst Breslaus großes Geschäftsviertel. Hier hatten Tuchhändler und Schneider ihre Werkstätten, in kleinen Läden verkauften Gewürzkrämer, Bäcker und Schuster ihre Ware. Durch drei düstere Passagen kann man die Häuserzeilen durchschreiten, um auf die Ostseite des Marktplatzes zu gelangen. In Erinnerung an altes Gewerbe heißen sie Töpfer-, Eisen- und Tuchhallengasse (*Garncarskie/Żelazna/Sukiennice*), bergen kleine Restaurants und Geschäfte. In der mittleren Gasse entdecken Kunstfreunde die ehemalige Spielstätte des Theaters **Laboratorium**. Seit vielen Jahren erforscht hier ein Team von Theaterwissenschaftlern das Opus des berühmten Meisters Jerzy Grotowski. Regelmäßig werden ausländische Ensembles eingeladen, die sich dem *Armen Theater* des Regisseurs verpflichtet fühlen (➛Kap. »Theater und Kino«).

Hell und freundlich präsentieren sich die Außenflanken der Hallen. An der Nordseite sieht man schmale, üppig dekorierte Barockhäuser mit wohlklingenden

➢ Die Nordseite der Tuchhallen

Das Breslauer Wappen

Seit 1990 verfügt Wrocław wieder über sein traditionelles Wappen, das ihm Kaiser Karl V. 1530 geschenkt hatte. Im Treppenhaus zum Großen Saal des Rathauses leuchtet es dem Besucher entgegen.
Aus der Sicht des Betrachters zeigt es links oben den gekrönten böhmischen Löwen, daneben ihm zugewandt den schwarzgefiederten schlesischen Adler. Auf rotem Grund rechts unten ist die Büste des Evangelisten Johannes zu sehen, daneben das mächtige W, Anfangsbuchstabe von Wratislavia und Wrocław. In der Mitte auf einem Silbertablett prangt das schmerzverzerrte Haupt von Johannes dem Täufer, dem Stadtpatron. Die Nationalsozialisten hatten 1938 das Wappen verboten, und auch die spätere kommunistische Regierung hatte ideologische Bedenken; der Adler durfte gezeigt werden, nicht aber der Evangelist Johannes und der böhmische Löwe.

Namen, z.B. Zum weißen Bären (Nr. 13) und Zum goldenen Stern (Nr. 11). Unter den Kneipen erfreut sich der Pub Highlander (Nr. 8/9) großer Beliebtheit. Die Fassade des Hauses Nr. 21 ist mit einem gelockten Männerhaupt dekoriert, darüber prangt in großen Lettern der Name Schubert. Wer glaubt, hier würde des berühmten Komponisten gedacht, wird enttäuscht: Das Relief zeigt den abgeschlagenen Kopf des Johannes, der auch das Breslauer Wappen ziert; Schubert nennt sich das Schmuckgeschäft im Erdgeschoß. Die Ostflanke der Hallen wird von einem großen hellgetünchten Haus (Nr. 24) beherrscht, das seit 1963 dem Breslauer Künstlerverband gehört. Stets war es ein wichtiger Treffpunkt von Malern, Bildhauern und Architekten.

4. Vom Salzmarkt zum Arsenal

Südwestlich des Rings schließt sich der Salzplatz (*Plac Solny*, früher auch Blücherplatz) mit farbenfroh restaurierten Bürgerhäusern an. An die Zeit, da er polnischen und russischen Kaufleuten vorbehalten blieb, erinnert der Name der hier abzweigenden Russengasse (ul. Ruska). Auf dem Markt verkauften sie Salz, das *weiße Gold* aus Wieliczka, sowie Pelze und Leder. Heute sieht man auf dem Platz vor allem Blumenfrauen. Größtes angrenzendes Gebäude ist die lachsfarbene **Alte Börse** im Haus Nr. 16. Sie wurde 1824 von Ferdinand Langhans (Sohn des bekannten Carl Gottfried Langhans) für den Verein christ-

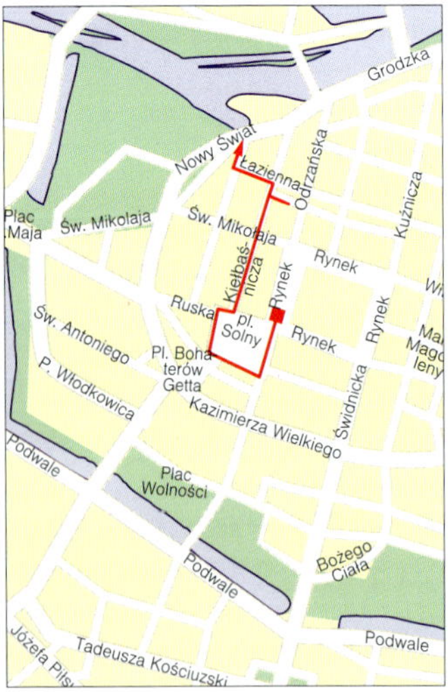

licher Kaufleute entworfen, zwei Engel überm Portal schützen den Anfangsbuchstaben von Wratislavia. Es lohnt sich, einen kurzen Blick in die Eingangshalle zu werfen: Alte Torbögen sind stilsicher in moderne Glaswände integriert, das imposante Treppenhaus wurde originalgetreu rekonstruiert.

Reiche Juden trafen sich im gegenüberliegenden **Oppenheimer-Haus**, dessen Fassade an der Nordseite grün-golden schimmert (Nr. 4). Rechts daneben sieht man einen »Klassiker der Moderne«, der sich in das architektonische Ensemble nicht recht einpassen will: Die ehemalige Mohrenapotheke von Star-Architekt Adolf Rading (1928) birgt heute die Breslauer Büros der Zeitung Gazeta Wyborcza, einer der wichtigsten Tageszeitungen Polens.

An der Nordwestecke des Salzmarkts zweigt rechts die *Kiełbaśnicza* ab, die ehemalige Herrenstraße. Wer sich für Kunsthandwerk interessiert, findet bei Tiffany Lampen und Spiegel im Stil des Art Nouveau (Nr. 7). Nahebei gibt es mehrere Ausstellungsräume, besonders interessant ist die Galerie naiver Kunst mit bizarren Holzskulpturen (Nr. 31). Zur Rechten ragt die **Elisabethkirche** auf, eines der ältesten und

➢ Giebel am Salzmarkt

größten Gotteshäuser Schlesiens. In ihr hat sich das Breslauer Bürgertum ein Denkmal gesetzt; machtvoll dokumentiert sie den Führungsanspruch des sich von feudaler Bevormundung befreienden Standes. Die Patrizier, die die Kirche 1378 in Auftrag gaben, forderten damit den hohen Klerus Breslaus heraus; die schiere Größe der Basilika sollte den Johannisdom in den Schatten stellen.

Heute ist die Basilika Garnisonskirche. Wer sich ihr nähert, erblickt zahlreiche in die Wand eingelassene Epitaphien. Die kunstvollen Reliefs beschwören den Geist verblichener Patrizier, ihre großzügigen Spenden sollten den Weg ins Himmelreich ebnen. Der Blick des Betrachters wird zielstrebig nach oben gelenkt: Die hellrote Backsteinfassade ist von zweigeschossigen Spitzbogenfenstern durchbrochen, steil erhebt sich darüber ein von Ziegeln schachbrettartig bedecktes Satteldach. Über dem Dach reckt sich der Kirchturm empor – gekrönt von einem die Stadtsilhouette dominierenden Helm. Wer will, kann ihn gegen ein kleines Entgelt besteigen.

Das Innere der Kirche birgt eine Skulpturengalerie. Mehrere hundert Grabmäler verteilen sich auf drei Kirchenschiffe und Kapellen. Links vom Haupteingang, nahe dem Turm, lohnt ein Blick in die Uhtmannkapelle. Sie besticht durch ein Epitaph, das über bürgerliche Familienverhältnisse Mitte des 16. Jahrhunderts beredt Auskunft erteilt. Zu Füßen des gekreuzigten Christus kniet der verstorbene Niklas Uhtmann, den Blick fromm gen Himmel gerichtet. Ihm gegenüber sind seine beiden Frauen postiert, ihre Mundbinde erinnert an den moslemi-

➢ Helm ab zum Gebet...

schen Schleier. Die Augen sind auf den Ehemann gerichtet, die Haltung signalisiert Unterwerfung. Die Frauen haben Niklas 26 Kinder geschenkt, in ehrfürchtiger Pose knien diese vor dem Vater. Im Hintergrund des Reliefs schimmern die Türme und Zinnen von Jerusalem, weit entfernt der paradiesische Garten. Einblick in die gesellschaftliche Hierarchie gibt auch eine Grabplatte im nördlichen Kirchenschiff. Sie zeigt einen Ritter in voller Montur: Selbstbewußt setzt sich Graf Ulrich Schaffgotsch in Szene, selbst im Tod will er auf die Zurschaustellung ständischer Überlegenheit nicht verzichten. Weniger siegesgewiß mutet die Grabtafel des kaiserlichen Leibarztes Craton von Craftheim an. Das expressiv dargestellte Jüngste Gericht bringt vor allem die Angst vor dem Tod zum Ausdruck. Im Vergleich zu den Grabmälern wirkt der Hauptaltar mit einem Bildnis der Madonna von Tschenstochau eher bescheiden. Bis 1945 stand hier ein Meisterwerk gotischer Schnitzkunst, heute findet man es im Warschauer Nationalmuseum. Auch die berühmte Barockorgel von Michael Engler gibt es nicht mehr, ebenso wie das reichgeschnitzte Chorgestühl fiel sie im Jahr 1976 einem Brand zum Opfer.

Im Schatten der Elisabethkirche, zwischen den Straßen *Kiełbaśnicza* und *Odrzańska*, erstreckt sich die Passage **Stare Jatki** (Alte Fleischbänke). In der langen Fachwerkgalerie wurde im 13. Jahrhundert Fleisch verkauft, von der städtischen Metzgerei am Oderufer wurde es hergekarrt. Heute ist die Gasse ein beliebter Treff für Künstler und Studenten; man findet viele Galerien, Ateliers und Geschäfte, dazu eine florierende Kneipe. Am Westausgang der Passage sieht man das Art Hotel in einem prächtigen Renaissancehaus.

Über die *Łazienna* gelangt man zur *Nowy Świat*, die die Altstadt hufeisenförmig umschließt. Zur Rechten sieht man eine von der Oder umspülte Insel, auf der Lessing 1763 seine *Minna von Barnhelm* verfaßte. Zur Linken schmale Bürgerhäuser mit spitzem Giebeldach - Gustav Freytag, ab 1839 Privatdozent an der Breslauer Universität, hat ihnen in seinem Roman *Soll und Haben* ein literarisches Denkmal gesetzt. Auf der gegenüberliegenden Straßenseite liegt das Städtische **Arsenal**, ein trutzig-schönes Gebäude aus dem 15. Jahrhundert. Es lehnt sich an Breslaus alte Wehrmauern an, ist mit Turm und Bastei befestigt. Im weitläufigen Innenhof fanden während des Zweiten Weltkriegs Tausende Bürger Schutz, in den Kellerräumen wurden Lebensmittel gelagert. Heute hat im Arsenal das **Archäologische Museum** seinen Sitz; passend zum Ort findet sich hier aber auch eine bedeutende Sammlung von Hieb- und Stichwaffen.

➢ Der Innenhof des Arsenals

5. Über die Schmiedebrücke zur Universität

Vom Ring zweigt nordostwärts die ehemalige Schmiedebrücke ab, die heutige *ulica Kuźnicza*. Im Haus Zum Goldenen Zepter (Nr. 22) ist das ➛**Mineralienmuseum** untergebracht. Deutsche erinnern sich des Hauses, weil darin im Jahr 1813 Freiherr vom Stein gelebt hat; für Polen dagegen ist es primär der Wohnort Józef Wybickis, des Autors der polnischen Nationalhymne. Ein großes Antiquariat kann im Haus Nr. 43/45 besucht werden. An seiner Stelle befand sich zu deutschen Zeiten der Gasthof »Zu den zwei Pollacken«; heute wirkt dieser Name anstößig, damals hatte er einen neutralen Klang.

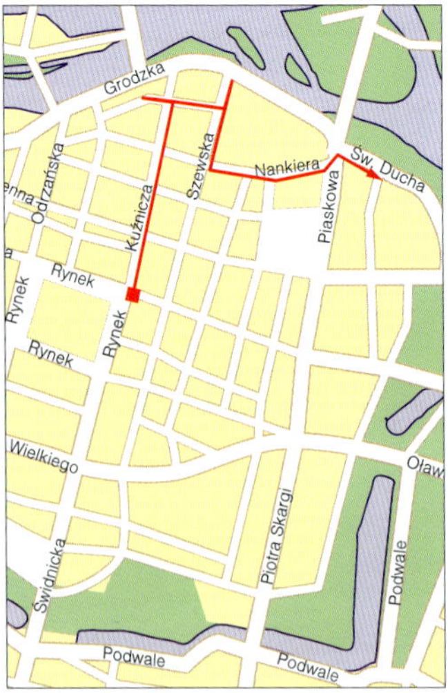

Auf dem Weg zur Universität prägen jüngere Leute das Straßenbild. Einige von ihnen brauchen Stunden, um den kurzen Weg vom Ring zur Uni zu bewältigen: Erst bleiben sie in der kubanischen Bar hängen, dann verschlägt es sie ins traditionsreiche **Café Pod Kalamburem** (Nr. 29). Voller Stolz kramt Bogusław Litwiński, sein Besitzer, ein französisches Buch hervor, das in den 1980er Jahren erschienen ist. Pod Kalamburem, ist da zu lesen, gehört zu den schönsten Kaffeehäusern Europas; in der Solidarność-Ära war es zudem wichtigster Treffpunkt der Breslauer Opposition. An warmen Tagen mag es auch Spaß machen, im benachbarten Biergarten Kalogródek einzukehren, einer kleinen postmodernen Festung, in der zu studentenfreundlichen Preisen alle bekannten Biersorten ausgeschenkt werden.

Wo heute die **Universität** steht, erhob sich früher eine mittelalterliche Festung, 1659 machte der Kaiser sie den Jesuiten zum Geschenk. Sie waren ins Land gerufen worden, um den protestantischen Geist der Stadt zu brechen. Die Festung wurde Stein um Stein abgetragen, an ihrer Statt entstand zu Beginn des 18. Jahrhunderts mit Unter-

stützung Kaiser Leopolds I. ein Kolleg, das ab 1728 zu einer Akademie erweitert wurde und den Namen *Leopoldina* trug. 1810 wurde die Lehranstalt säkularisiert, nach Übernahme der in Frankfurt an der Oder aufgelösten Fakultäten in Schlesische Friedrich-Wilhelm-Universität umbenannt. Die Studenten kamen überwiegend aus Schlesien, darunter waren zahlreiche Polen. Mit der Hochschule sind die Namen vieler berühmter Wissenschaftler verknüpft. Hier lehrten u.a. die Nationalökonomen Sombart und Brentano und der Philosoph Dilthey. Den Nobelpreis erhielten Theodor Mommsen (1902), Fritz Haber (1918) und Max Born (1954).
Nach dem Zweiten Weltkrieg gab es keinen deutsch-polnischen Austausch mehr. Deutsche Hochschullehrer bemühten sich um Neuanstellung in Berlin und an-

Arnold Zweig, Student zu Breslau 1907–10

»Meine ersten Semester studierte ich in der schönen alten Kirchen- und Oderstadt Breslau und lernte Architektur und Mittelalter sehen und empfinden. Von der frühen Backsteingotik des mächtig aufgetürmten Domes bis zum geschwungenen und reichen Barock der Bischofspaläste auf der Dominsel - welch ein ununterbrochener Niederschlag kulturellen Werdens im Austausch zwischen Westen und Osten! Breslau war ein Haupttor des Austausches zwischen der polnischen und der deutschen Welt, und der Einfluß von München und Dresden kreuzte sich dort mit dem von Warschau und selbst von Budapest.«

➢ Die Universität von der Oderseite

derswo, in Breslau führten aus Lemberg ausgesiedelte Professoren den Lehrbetrieb weiter. Heute sind an der Breslauer Universität mehr als 25.000 Studenten eingeschrieben. Einzelne Fakultäten wurden mittlerweile zu eigenständigen Hochschulen erweitert. So gibt es jetzt u.a. auch eine Technische Hochschule und eine Medizinische Akademie, eine Hochschule der Schönen Künste, eine des Theaters und eine Musikakademie.

➢ Oben: Barocke Details

➢ Unten: Am Fechterbrunnen

Das Hauptgebäude der Universität (*Collegium Maximum*) erstreckt sich über 170 Meter entlang der Oder. Die dem Fluß zugewandte Nordfassade ist vergleichsweise schlicht, dagegen präsentiert sich die stadteinwärts gerichtete Südseite in üppigem Barock. Das Gebäude wird vom astronomischen Turm überragt, vier Skulpturen stellen die Fakultäten dar, mit denen das jesuitische Kolleg einst den Lehrbetrieb aufgenommen hatte: Theologie und Recht, Medizin und Astronomie.

Am Universitätsplatz treffen sich vor und nach den Vorlesungen viele Studenten. Vom Café Uni haben sie einen schönen Blick auf den Fechterbrunnen und registrieren alle, die da kommen. Rechts vom Brunnen öffnet sich das Kaisertor, das die Universität durchschneidet und zur Oderbrücke führt; links kommt man zum Haupteingang, über dem vier Frauengestalten prangen, Allegorien der Kardinaltugenden Gerechtigkeit, Tapferkeit, Mäßigung und Weisheit. Von der Eingangshalle gehen rechts das *Oratorium Marianum*, links die Räume der *Schola Metaphysices et Logices* ab. Das Treppenhaus ziert ein schlesischer Bilderbogen: Städte in idyllischer

➢ Aula Leopoldina

Landschaft. Bedeutend ist die **Aula Leopoldina**, einer der schönsten Barocksäle Polens. Findet nicht gerade ein studentischer Festakt statt, so kann sie vormittags ab 9 Uhr besichtigt werden. Wenn sich die geschnitzte Eichentür öffnet, erblickt man einen vom Boden bis zur Dekke geschmückten Saal. Das illusionistische Deckengemälde preist den König als Förderer der Wissenschaften, die Wandportraits erinnern an Professoren und Ehrenbürger. Hinter dem Podium sieht man eine Darstellung Kaiser Leopolds I., umgeben von Allegorien der Vernunft und des Fleißes. Vor dem Katheder sind die Studentenbänke aufgestellt, die erhöhten Fensterplätze bleiben Professoren vorbehalten. Die Akustik im Raum ist hervorragend, die Konzerte während des Festivals *Wratislavia Cantans* sind meist Wochen im voraus ausgebucht.

✦ Aula Leopoldina, plac Uniwersytecki, Mo, Di, Do 10.30–15.30, Fr–So 11–17 Uhr

Am Universitätsplatz befindet sich auch der Eingang zum ehemaligen jesuitischen Josephskonvikt, heute Sitz der Anthropologischen Fakultät. Es verbindet die Universität mit der 1689 entworfenen ehemaligen **Matthiaskirche** (heute Jesuskirche).

➢ Die Hüterin des Aula-Schatzes

➢ Die Matthiaskirche auf einem Stich aus dem 18. Jahrhundert

Auch sie wird als Schmuckstück des Barock gefeiert. Neben dem Hauptaltar steht eine Kopie von Michelangelos berühmter Pietà, darüber wölbt sich ein Deckenfresko, das die Taten der Habsburger und der mit ihnen verbündeten Jesuiten preist.

An der Ecke *Szewska/Grodzka*, nur einen Steinwurf entfernt, erhebt sich das **Ossolineum**. Vom Fluß her wirkt der Kuppelbau mit seiner doppelgiebligen Fassade fast wie ein Schloß. Entworfen wurde er 1657–1717 von Jean Baptiste Manthey, dem Hofarchitekten des Erzbischofs von Prag. Einige Räume wurden für den Unterricht genutzt, die der Oder zugewandten Säle dienten der Breslauer Geistlichkeit als Sommerresidenz. Heute birgt das Gebäude die nach Warschau und Krakau drittgrößte Bibliothek Polens, deren Bestände aus dem Lemberger Ossoliński-Institut hierher überführt wurden. Sie birgt viele Raritäten, Erstausgaben und Manuskripte berühmter Dichter, darunter eine frühe Ausgabe von Dantes *Commedia* aus dem Jahre 1481. Zudem verfügt die Bibliothek über eine kostbare Graphiksammlung mit Werken von Dürer und Rembrandt.

Östlich des Ossolineums schließen sich mehrere leicht angegraute Sakralbauten an. In der Krypta der gotischen, gleichfalls nach dem Heiligen Matthias benannten Kirche liegt der Arzt und Mystiker Angelus Silesius (➤Portraits) begraben. Die **Klarakirche**, die mit dem Ursulinenkloster und der Hedwigskirche eine architektonische Einheit bildet, dient als Mausoleum der Piasten. In den Innenräumen findet man zahlreiche Grabmäler der Dynastie, darunter die von Heinrich VI. und der Fürstin Karolina, mit deren Tod das Geschlecht 1707 erlosch. Die große **Vinzenzkirche**, heute Sitz der Philologischen Fakultät, schließt den *Plac Nankiera* zur *Piaskowa* ab. Gestiftet wurde sie 1226 von Fürst Heinrich dem Frommen, der 15 Jahre später bei Liegnitz im Kampf gegen die Mongolen fiel. Anfangs gehörte die Kirche den Franziskanern, 1529 wurde sie von den Prämonstratensern übernommen. Bei ihrer Sprengung 1945 wurden kostbare Gemälde und Fresken zerstört; erst 1991 war die Restaurierung des Innenraums abgeschlossen.

An der Südseite des *Plac Nankiera* fällt eine ungewöhnliche Glas- und Backsteinfassade ins Auge: Eine Adelsdame aus Trebnitz ließ das Haus im 13. Jahrhundert erbauen, durch klug integrierte Glaswände sind die ursprünglichen Mauerreste gut sichtbar. Heute hat hier die ➤**Galerie Foto-Medium-Art** ihren Sitz, mehrmals jährlich werden interessante Ausstellungen organisiert. Östlich der Vinzenzkirche, am Kreuzpunkt der Straßen *Piaskowa* und *Św. Ducha*, steht die Breslauer **Markthalle** aus wilhelminischer Zeit (Hala Targowa). Aus Stahlbeton wurde sie erbaut (1908), die kunstvolle Backsteinverkleidung verleiht ihr kirchenhafte Züge. Von Montag bis Samstag werden hier frisches Obst und Gemüse verkauft, einige Stände bieten auch Fleisch und Molkereiprodukte an. An der Ostseite der Markthalle haben sich Fragmente der alten Wehrmauern erhalten, in der Backsteinbastei verbirgt sich Winiarnia, Breslaus einzige Weinstube.

Spöttelei eines Theaterdirektors

»In Breslau steht immer eine große Kirche nur fünfzig Schritte von der anderen entfernt. Bilder des Gekreuzigten verkümmern im Sonnenschein, purpurrote Mesmer kriechen wie gekochte Krebse an den Mauern entlang. Kleine blauschwarze Kirchenfenster blinzeln wie falsche, tückische Augen, und christliche Verzweiflung ist rings verbreitet. Wenn ich nicht sehr guter Laune bin, so wage ich mich nie in die Nähe des Domes. Es fiel mir immer ein Verbrechergefühl auf die Brust, wenn ich diese steinerne Betrübnis und Zerknirschtheit sah… Ein konsequentes Christentum ist von jeher wie ein mit künstlichen Blumen aufgeputzter Friedhof.«
Heinrich Laube hat 1828–31 in Breslau studiert und dort seine Liebe zu Literatur und Theater entdeckt. Ruhm erwarb er als Direktor des Wiener Burgtheaters 1849–67.

6. Sand- und Dominsel

Sand- und Dominsel sind die Keimzelle Breslaus, die frühmittelalterliche Wiege der Stadt. Hier, wo die Oder flach war und leicht überquert werden konnte, verlief die Bernsteinstraße, die vom Baltikum nach Südeuropa führte. Freilich waren gerade an dieser Stelle die Kaufleute auch Angriffen von Räuberbanden ausgesetzt. Der Bau einer herzoglichen Burg um 900 n.Chr. sollte den lukrativen Fernhandel schützen, rasch entwikkelte sich in ihrem Schatten eine Siedlung. Von der mittelalterlichen Stadt haben sich Kirchen und Klöster erhalten, die eine asketisch-weltabgewandte Atmosphäre ausstrahlen.

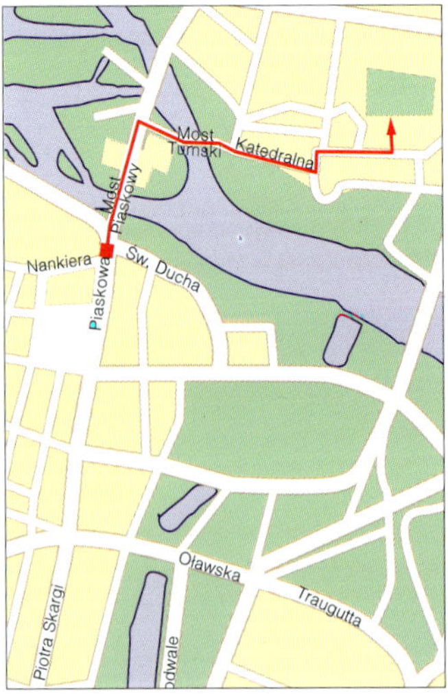

Hier herrscht der Klerus, weltliche Geschäftigkeit scheint verbannt. Nonnen in schwarzen Gewändern huschen über die kopfsteingepflasterten Gassen, Studenten des Priesterseminars pendeln zwischen Klause und Kirche.

Vom linken Oderufer führt die 1861 errichtete **Eisenbrücke** (*Most Piaskowy*), der älteste noch erhaltene Flußübergang Breslaus, auf die Sandinsel. Gleich zum Auftakt sieht man rechts einen großen Barockbau, die **Universitätsbibliothek**. In ihrem Keller hatte sich 1945 der Militärstab der Festung Breslau verbarrikadiert. Früher befand sich hier eine Abtei, Piotr Włast hat sie für die aus Flandern herbeigerufenen Augustinermönche gestiftet (1128). Seine Frau Maria, eine russische Prinzessin, gab die benachbarte Kirche in Auftrag, heute steht an ihrer Stelle die spätgotische **Marienkirche** (1334–1425). Sie besticht durch ein herrliches Sterngewölbe, das auf hoch aufschießenden Säulen ruht. Die goldverzierten Flügelaltäre stammen aus verschiedenen Kirchen Schlesiens, die expressiv bemalten Fenster hat die Warschauer Künstlerin Teresa Reklewska geschaffen. Aus Mariampol in der heutigen Ukraine kommt die Ikone der

➢ Die Post auf der Dominsel

Siegreichen Madonna (16. Jh.): die orthodoxe Bevölkerung Breslaus verehrt sie als wundertätiges Bildnis.

Schräg gegenüber der Marienkirche stößt man auf ein weiteres Gotteshaus, die **Annakirche**. 1690 wurde sie für die Chorfrauen des Augustinerordens gestiftet, 1919 der polnischen Minderheit Breslaus zugesprochen. 1977 ging sie über an die mitgliederstarke griechisch-orthodoxe Gemeinde. Der unterschiedliche Kult spiegelt sich in abweichender Innenausstattung: Das helle Gewölbe ist mit archaischen Heiligenmedaillons bemalt, eine goldverzierte Ikonostase trennt den Gemeinde- vom Altarraum.

Vor der **Dombrücke** (*Most Tumski*) sieht man links – mit einem Kirchenmodell im Arm – Hedwig, die Schutzpatronin Schlesiens, rechts Johannes, den Schutzheiligen von Breslau. An der gußeisernen Brücke endete die weltliche Macht des Stadtrats, und man betrat die Dominsel. Dies war der herrschaftliche Bezirk des Bischofs, der seine Befehle einzig von Rom empfing. Die Schriftstellerin Ricarda Huch blickt zurück: »*Auf der Dombrücke stiegen die Kaiser vom Pferde, um sich zu Fuß in die Kathedrale zu begeben.*« Die vor ihnen liegende Insel war zu schön, als daß es sich geziemt hätte, schnell über sie hinwegzureiten. Noch heute vermag sie den Besucher in ihren Bann zu ziehen, obwohl sie streng genommen gar keine Insel mehr ist: Im 19. Jahrhundert wurde, um die Sakralarchitektur vor Überschwemmungen zu schützen, der Flußarm auf der Nordseite zugeschüttet.

Der Weg durch die malerisch geschwungene Kathedralengasse,

die durch die spitzen Türme des Doms abgeschlossen wird, ist von mehreren Kirchen gesäumt. Als erstes ragt zur Linken die gotische **Peter- und Paul-Kirche** auf, deren Sterngewölbe auf einem einzigen Pfeiler ruht. Hinter ihr versteckt sich die gleichfalls backsteinerne **Martinskirche** aus dem 13. Jahrhundert, in der Zwischenkriegszeit ein weiteres Gotteshaus der polnischen Minderheit Breslaus. An ihrer Seite wurde 1968 ein Denkmal postiert, das Papst Johannes XXIII., den Wegbereiter des reformfreudigen Zweiten Vatikanischen Konzils darstellt.

Die 1295 eingeweihte **Heiligkreuzkirche** wurde auf dem Grundriß eines lateinischen Kreuzes erbaut und beeindruckt mit ihrem spitzen, 70 m hoch aufragenden Turm. Sie war ein Versöhnungsgeschenk von Fürst Heinrich IV. an Bischof Thomas II. und birgt ein Kuriosum. Zwei übereinander gebaute, voneinander unabhängige Gotteshäuser wurden miteinander verschmolzen; oben befindet sich ein Raum mit einem sehenswerten gotischen Triptychon, darunter liegt die ukrainisch-byzantinische Bartholomäuskirche mit goldener Ikonostase.

Die große Nepomuk-Bildsäule von 1732 vor dem Eingang zeugt von der Verehrung, die dem »Brückenheiligen« seit der Gegenreformation entgegengebracht wurde. Johannes von Nepomuk, so die Legende, sei Beichtvater der Königin gewesen und vom eifersüchtigen König Wenzel IV. 1393 ermordet worden, weil er sich geweigert habe, das Beichtgeheimnis zu verletzen. In bewegten Szenen zeigt das Sockelrelief, wie der Geistliche

Stimme eines Breslauer Ketzers

»Die Kirche, das ist ein Ort, wo Männer in schwarzen Röcken Vorstellungen geben. Solche Spektakel besuchen viele Menschen. In der Mitte der Bühne ist ein Behälter, in dem der Herr in Hostien aufbewahrt wird. Die meisten Theaterbesucher essen ihn, obwohl so 'ne Vorstellung nur 'ne Stunde dauert. Der Platz, wo der Herr in Hostien aufbewahrt ist, dient als Sender. Ein Schwarzrock bedient ihn. Wenn er ein Zeichen gibt, singt das Publikum lauter. Leider läuft die Kommunikation nur in eine Richtung: nach oben. Alex hat noch keinen Herrn verspeist; er hat in den letzten Jahren keines der Spektakel besucht. Er geht nur dann in das Heilige Theater, wenn er tief denken will. Dann denkt er darüber nach, wie man den Menschen von sich selbst befreit – und wie man alle ideologischen Systeme neutralisieren kann. Freiheit bedeutet für ihn Täuschung. Oft überfallen ihn Alpträume; und wenn er aus ihnen erwacht, ist der Katzenjammer da.« (Roman Praszyński, Szenen aus Wrocław, 1995)

von der Prager Moldaubrücke in den Fluß gestürzt wurde.
Die Kathedralengasse führt an pastellfarbenen Kanonikerhäusern vorbei, in einem villenähnlichen, von der Straße zurückversetzten Palais residiert der Breslauer Erzbischof. Doch all diese Bauten verblassen angesichts der **Johanniskathedrale**, deren Turmspitzen fast 100 Meter emporschnellen. Sie ist Symbol der tausendjährigen Geschichte Breslaus und darf als das schönste Bauwerk der Insel gelten. Als die Piasten um das Jahr 1000 zum Christentum konvertierten, ließen sie hier einen Dom erbauen, der in der Folge mehrfach ersetzt wurde. Mit dem Bau der heutigen Kirche wurde 1244 begonnen, doch erst 100 Jahre später war sie fertiggestellt; die Kapellen wurden im Laufe der folgenden Jahrhunderte hinzugefügt.
Betritt der Besucher den Dom durch das Westportal, wird er auf Askese und Entsagung eingestimmt. Düster spannt sich das hohe Gewölbe über den Innenraum; die wenigen, mit Malereien eingefärbten Fenster lassen kaum Licht in das Verlies eindringen. Schmuckstück der Kirche ist der Chorraum mit herrlich geschnitztem Gestühl. Wer sich auf einem Sitz niederläßt, mag darüber klagen, wie unbequem dieser ist: Die Mönche sollten beim Morgengebet am Einschlafen gehindert werden, darum wird stocksteife Haltung erzwungen. Vom Chorgestühl blickt man auf den vergoldeten Hauptaltar, der Marias Tod in Szene setzt; darüber prangt ein riesiges, buntbemaltes Glasfenster.

➢ Details am Hauptportal des Doms

Sehenswert sind auch die drei Kapellen an der Ostseite des Doms. Am ältesten ist die mystisch eingedunkelte **Marienkapelle**, 1365 von einem gewissen Meister Pieszka für Bischof Przecław von Pogarell geschaffen. Die nördlich angrenzende **Kurfürstenkapelle**, eines der schönsten Beispiele Breslauer Barockarchitektur, entwarf Johann Bernhard Fischer von Erlach. Auftraggeber war Franz Ludwig von Neuburg, Bischof von Breslau und Trier, später Hochmeister des Deutschen Ordens und Kurfürst von Mainz. An der Ausstattung wurde nirgendwo gespart: Die Kapelle prunkt mit grau-blauem Marmor und goldenem Stuck, in zahlrei-

chen Varianten spiegelt sich die Form der Ellipse, die dem Raum eine geheime Dynamik verleiht. In barockem Stil präsentiert sich auch die südliche **Elisabethkapelle**. Der hier beigesetzte Kardinal Friedrich (Kurfürst von Hessen) hatte den römischen Künstler Giacomo Scianzi mit dem Bau beauftragt. Besonders gelungen ist die mit Szenen aus dem Leben der heiligen Elisabeth von Thüringen geschmückte Kuppel. Elisabeth war die Tochter des Ungarnkönigs Andreas II. und wurde 1235 heiliggesprochen - eine zusätzliche Schutzpatronin der Stadt.

Als letzter Bischof wurde in dieser Kirche am 9. November 1991 ein Deutscher beigesetzt: Adolf Bertram war städtischer Erzbischof von 1930 bis 1945 und Vorsitzender der deutschen Bischofskonferenz. Er starb 1945, doch seine Gebeine konnten erst nach der politischen Wende hierher überführt werden.

An der malerischen, einen Bogen beschreibenden Kanonikergasse nördlich des Doms ist noch eine weitere Kirche zu entdecken: Die kleine **Ägidienkirche** ist das älteste noch erhaltene Gotteshaus der Stadt (1218) und bewahrt romanische Portale und einen frühgotischen Arkadenfries. Das Klößeltor, das seinen Namen dem Kiefernzapfen auf dem Dach des Bogens verdankt, verbindet die Kirche mit dem Kapitelhaus. Es beherbergt heute ein ➛**Diözesanmuseum**, das

➢ Die Kurfürstenkapelle am Eingang der Kanonikergasse

mit einer reichen Sammlung von Skulpturen, Gemälden und geschnitzten Altären aufwartet. Gleich daneben erhebt sich ein großes neugotisches Gebäude, dessen Strenge nur im Sommer durch üppig wuchernde Blumen gemildert wird. In ihm ist das **Priesterseminar** untergebracht. Vor dem Priesterseminar liegt der romantische Kathedralenplatz, hinter ihm der auf dem zugeschütteten Oderarm angelegte **Botanische Garten**.

➢ Links: Wo aus jungen Männern Priester werden…

7. Von der Maria-Magdalena-Kirche zum Nationalmuseum

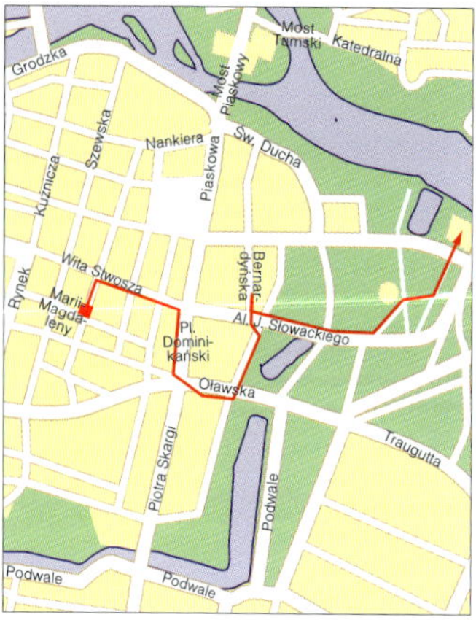

Trafen sich in der Elisabethkirche die reichen Bürger, so in der **Maria-Magdalena-Kirche** die Handwerker und Zunftgesellen. Sie wurde 1362 vollendet und war später Breslaus erstes protestantisches Gotteshaus. Machtvoll bekundet sie asketischen Geist: Die Westfassade wird von zwei Türmen beherrscht, einziger Schmuck der backsteinernen Wände sind dunkle Grabplatten. Nur das Portal an der Kirchensüdseite will sich dem Eindruck der Kargheit nicht fügen. Es entstand gut 200 Jahre vor dem Bau der Magdalena-Kirche, zierte vormals den Eingang zum Kloster in Elbing. Als man dieses 1529 aus Angst vor einer Türkeninvasion abtrug, wurde das Portal nach Breslau gebracht und einige Jahre später in die Kirche eingefügt. An beiden Seiten ist es von je vier Säulen gesäumt, die in einem Rundbogen zusammentreffen. In sie eingemeißelt sind Pflanzenornamente, Tiermotive und Fabelwesen, eine breite Tierschnauze versinnbildlicht den Höllenrachen.

Der Innenraum der Kirche hinterläßt einen überwältigenden Eindruck, kein überflüssiges Detail lenkt von der architektonischen Konstruktion ab. Schlanke Säulen tragen ein Kreuzrippengewölbe, das durch die schnörkellosen Fenster einfallende Licht läßt die weißgetünchte Kirche strahlend hell erscheinen. Ins Auge fällt eine Marmorkanzel aus der Zeit der Renaissance, die mit anmutigen Engelsfiguren verziert ist. Sehenswert sind

➢ Die Ornamente erinnern an keltische Kunst

auch ein gotisches Sakramentshäuschen aus dem 15. sowie ein Taufbecken aus dem 16. Jahrhundert. Folgt man der *Wita Stwosza* in östlicher Richtung, so stößt man auf ein Haus mit prächtigem Säulenportikus, das einstige **Hatzfeld-Palais** (Nr. 31). In seinem Reisebericht aus dem Jahr 1783 schrieb J.E. Troschel: »*Das schönste und größte Privathaus ist der Palast des jungen Prinzen von Lazfeld in der Albrechtsgasse, das sein verstorbener Vater nach dem siebenjährigen Kriege mit einem Aufwand von einigen Tonnen Goldes fest, regelmässig und zierlich erbauet hat. Das große Portal und der Balkon drüber nebst dem fürstlichen Wappen sind von schlesischem Marmor in gutem Geschmack gearbeitet.*« Im Zweiten Weltkrieg wurde das Palais stark beschädigt. Seine Überreste wurden geschickt in einen Glasbau einbezogen, in dem heute die ➛**Galerie BWA** untergebracht ist.

Im Nachbarhaus (Nr. 33) wohnte einmal der »größte lebende Maler Deutschlands« (Fontane) - doch heute erinnert in Breslau nichts mehr an ihn: Adolf von Menzel (1815-1905) wurde im Kaufmannshaus Zur goldenen Muschel geboren; das Haus wurde 1899 abgerissen, an seiner Stelle entstand ein Palast im Sezessionsstil, errichtet vom Schlesischen Bankverein.

Nur wenige Schritte entfernt steht die **Adalbertkirche**. Sie befand sich 1945 außerhalb des zur »Festung« deklarierten Bereichs; noch heute erinnert die angrenzende leere Fläche an die Schlacht, die

➢ Wratislavia Cantans: das Kattowitzer Sinfonieorchester unter Leitung von Antoni Wit in der Elisabethkirche

den einst dicht bebauten Stadtteil zerstörte. Die Kirche wurde in reinster Backsteingotik wiedererrichtet, sieht nun genauso aus wie 1226, als sie auf Wunsch der Dominikaner entstand: betont schlicht und karg, wie es sich für einen Bettelorden gehörte. Nur die hellgetünchte Ceslauskapelle an der Südseite besticht durch üppigen Barockschmuck: Der aus Alabaster gefertigte Sarkophag zeigt Szenen aus dem Leben des Heiligen. Es heißt, seinen Gebeten sei es zu danken, daß Breslau beim Mongolensturm 1241 der totalen Vernichtung entrinnen konnte.

Quer über die verkehrsreiche *Oławska* fällt der Blick auf die **Christophorikirche** (1263). Seit dem Jahr 1523 ist sie protestantisch, heute dient sie der deutschsprachigen Minderheit Breslaus als

Gotteshaus. Vor 1945 war es umgekehrt: Polnische Protestanten durften hier die Predigt in ihrer Sprache hören. Nordöstlich des Dominikanerplatzes steht das ehemalige Kloster der Bernhardiner, gleichfalls ein Orden, dessen Devise *Ora et labora* lautete (Bete und arbeite!). In dem vorbildlich restaurierten Gebäude ist das ➛**Architekturmuseum** untergebracht. Die Säle gruppieren sich um einen mittelalterlichen Kreuzgang mit ro-

➢ Im Kreuzgang des Architekturmuseums

mantischem Klostergarten. In der ehemaligen Kirche findet man eine Ausstellung zur Geschichte der Stadt, anhand von Modellen kann man das mittelalterliche mit dem heutigen Breslau vergleichen.

Über die schattigen Alleen des Słowacki-Parks kommt man zu einem Rundbau, der ein kunsthistorisches Kuriosum birgt: das ➛**Racławice Panorama**, ein wahrhaft gigantisches Schlachtengemälde. Wenige hundert Meter nordöstlich der Rotunde, nahe dem Oderufer, erhebt sich das mächtige ➛**Nationalmuseum**, ursprünglich ein Regierungspalais. Es wurde 1886 im Stil der Renaissance errichtet; Figuren von Michelangelo und Dürer, den wichtigsten Vertretern der ›südlichen‹ und ›nördlichen‹ Renaissance, schmücken das Hauptportal.

Adolf von Menzel, ein deutscher Realist

Er war 13 Jahre alt, als in der Alten Börse sein erstes Werk ausgestellt wurde: eine *Säugende Tigerin* frei nach Rubens. 1829 illustrierte er die von seinem Vater herausgegebene *Geschichte des preußischen Staates*, ein Jahr später zog die Familie um nach Berlin. - Adolf von Menzel war ein Künstler, der sich bei den Regierenden keiner großen Beliebtheit erfreute. Die *Aufbahrung der Märzgefallenen* verriet deutliche Sympathien für die Revolutionsopfer von 1848, aus dem Bild *Eisenwalzwerk* sprach Bewunderung für die Leistungen der Arbeiter. Am ›anstößigsten‹ jedoch waren seine Darstellungen der am Hofe versammelten königlichen Gesellschaft: Hier meldete sich kein Untertan zu Wort, sondern einer, der sich nicht scheute, die Vertreter der Macht als klägliche Marionetten eines Rituals zu zeichnen.

Vom Glockenguß zu Breslau

Die Entstehung der Magdalenen-Glocke ist mit einer grausamen Überlieferung verknüpft. Der Glockengießer, heißt es, hatte bereits das Eisen erhitzt und die Form für die Glocke bereitgestellt. Vor der großen Tat wollte er sich freilich noch ein Bierchen genehmigen und begab sich in den Schweidnitzer Keller. Zuvor hatte er dem Lehrjungen eingeschärft, den Hahn nicht zu berühren. Doch was verboten ist, das fordert gerade heraus. Forsch öffnete der Knabe den Hahn, und eh' er sich's versah, strömte das heiße Eisen in die Glockenform. Von panischem Schrecken erfaßt, rannte der Junge zum Meister, um ihm zu gestehen, was passiert war. Der Meister explodierte vor Wut, griff zum Dolch und erstach den Jungen. In der Werkstatt freilich glaubte er seinen Augen nicht zu trauen: das Eisen hatte die Form perfekt ausgefüllt. Reuig kehrte er in die Bierstube zurück, und nun erst wurde er gewahr, daß der Junge nicht mehr lebte... Die Strafe folgte auf dem Fuß, der Meister wurde dem Henker vorgeführt, der ihn an der Staupsäule erwartete. »Eine Bitte hab' ich«, flehte der Mann, »nur ein einziges Mal möchte ich den Klang der Glocke vernehmen«. Gesagt, getan: Die Glocke läutete den Tod des Meisters ein und ertönte fortan bei jedem in Breslau vollstreckten Todesurteil.

Katholisches Wunder

Es war im Jahr 1622, da träumte eine Lutheranerin mit monotoner Regelmäßigkeit, sie würde von einem fürchterlichen Gespenst in finstere Gegenden entführt - durch ihr Angstgeschrei raubte sie auch den übrigen Hausbewohnern den Schlaf. Eines Tages vernahm sie den Rat eines Durchreisenden: »Du mußt nur in eine katholische Kirche gehen, dann wirst du gesunden.« Die Frau traute seinen Worten nicht und ging deshalb auch am nächsten Tag wieder in die ihr vertraute Magdalena-Kirche. Doch wie zweifelte sie an sich und ihrem Verstand, als sie von der Predigt kein Sterbenswörtchen vernahm und, obgleich die Kirche doch zum Bersten voll war, niemanden außer sich selber sah. Voller Panik lief sie zur katholischen Jesuitenkirche hinüber und beugte ihr Haupt, um sich taufen zu lassen - und siehe da, sie war vom Wahn befreit.

(Nach: »Die Gegenreformation«,
W.-E. Peuckert (Hg.), Deutsche Sagen, S. 63)

8. Promenadenweg rund um die Altstadt

In Krakau wird der Altstadtkern von den *Planty* umschlossen, in Breslau darf sich der grüne Parkgürtel **Promenade** nennen. Auf einer Länge von vier Kilometern verläuft er entlang der mittelalterlichen Festungsanlagen, die 1807 auf Befehl Napoleons geschleift wurden. Der Wassergraben, der die Stadt umgab, blieb teilweise erhalten; auch die alten Mauern kommen hier und da noch zum Vorschein. Ricarda Huch besuchte die Promenade 1920 und war sehr angetan: »*Bäume* (gibt es) *von so mächtigem Wuchs, daß sie eigens bestimmt zu sein scheinen, gigantische Monumente zu umrauschen. Bäume gibt es da, Gestalten erhabener Vorwelt gleich, in ihr Laub gehüllt wie in weite, gotisch knisternde oder barock gebauschte, flatternde Mäntel, durch die ihre Zweige mit leidenschaftlicher Gebärde wie verzweifelt betende oder heroisch kämpfende Arme stoßen. Der volle Gürtel von Grün, der die Stadt umfängt, mag wohl als Ersatz für die gefallenen Mauern gelten.*«

Als **Startpunkt** für den Weg rund um die Altstadt empfiehlt sich die Galerie gegenüber der Oper an der Schweidnitzer Straße (*Świdnicka*). Über die *Bożego Ciała* erreicht man das **Marionettentheater** (Teatr Lalek), schräg gegenüber sieht man die

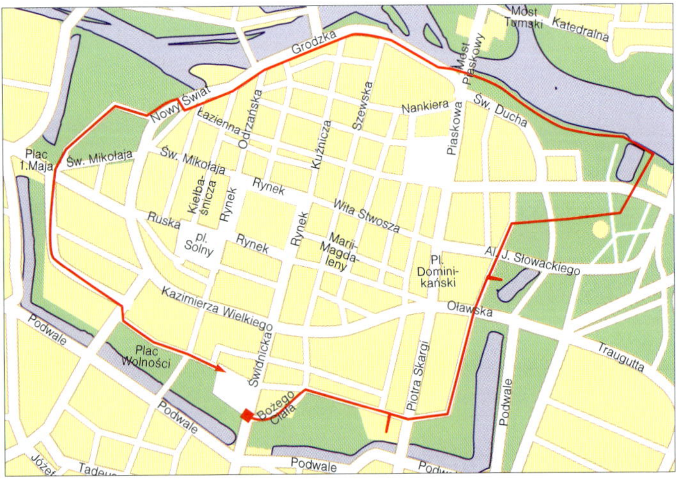

bunt bemalte Fassade der ehemaligen Deutschen Bank. Durch den **Staromiejski-Park** gelangt man zum Kopernikus-Denkmal und ostwärts weiter zur Liebichshöhe, der heutigen *Wzgórze Partyzantów*. An der *Piotra Skargi* (Taschenstraße) steigt man über eine breite Treppe zum halbkreisförmigen Arkadengang hinauf, der mit Aussichtsterrasse und Springbrunnen zu einer Pause einlädt. Dahinter ragt ein kleiner Turm auf, in dem sich einst ein Planetarium befand. Seit es schließen mußte, hat sich hier ein Musikclub einquartiert. Folgt man dem Grüngürtel nordwärts unter der *Oławska* hindurch, erreicht man das **Hotel Panorama** mit Relikten der ehemaligen Befestigungsanlage; die Einkerbungen in der mächtigen Backsteinmauer dienten als Schießscharten. Zur Linken sieht man das ➛Architekturmuseum, das im mittelalterlichen Bernhardinerkloster untergebracht ist. Der sich anschließende **Słowacki-Park** ist nach Polens berühmtem romantischen Dichter Juliusz Słowacki benannt; ein Denkmal, das ihn in grüblerischer Pose zeigt, steht unweit des Rundbaus mit dem ➛Racławice Panorama. In nordöstlicher Richtung gelangt man zum ➛Nationalmuseum mit einer reichen Kunstsammlung vom Mittelalter bis zur Neuzeit.

Jenseits der malerischen Gondelbucht (Zatoka Gondol) führt ein Spazierweg aufwärts zur ehe-

➢ Das ehemalige Gebäude der Deutschen Bank

maligen **Holteihöhe**, die nach Karl von Holtei benannt war, einem in Breslau gebürtigen Schauspieler und Dramatiker (1798–1880). Heute heißt sie *Wzgórze Polskie* und bietet einen schönen Ausblick auf Sand- und Dominsel mit ihren schlanken Kirchtürmen und roten Backsteinmauern. Von der Ziegelbastei am Südrand der Anhöhe sind nur noch Ruinen erhalten, westlich davon sieht man das Gebäude der Kunstakademie. Dort hat Gerhart Hauptmann einige Semester Bildhauerei studiert, das Palais war ihm Refugium und zugleich Beobachtungsposten auf eine ihm fremde Welt: »*Auf der Oder unter der Ziegelbastion zogen die dort ver-*

ankerten Flöße mich an mit den an Wespennester gemahnenden Hütten der sogenannten Wasserpolacken. Stundenlang konnte ich sie beobachten. Wie sie die beinahe ins Wasser gebauten Schlafstellen auf ihren aneinander gekoppelten Baumstämmen trocken hielten, begriff ich nicht, ebensowenig, wie sie das Reisigfeuer, über dem sie ihre Suppe kochten, ermöglichten. Hier konnte ich das Elend meines mir nun einmal widersinnig erscheinenden Daseins, ähnlich wie im Schlafe, vergessen. Ich wurde einer der Ihren, wenn ich den Hantierungen dieser Flößer zuschaute, und wandte mich seufzend sozusagen ins eigene Schicksal zurück, wenn ich, aus der Versenkung erwachend, leider wieder ich selbst wurde.« (Das Abenteuer meiner Jugend, 1880)

➢ Juliusz Slowacki, romantischer Nationaldichter

Von der Anhöhe geht es zum Fluß hinab, eine malerische Flaniermeile führt am Ufer entlang zur **Sandbrücke** (*Most Piaskowy*). Im Schatten der Universität führen die Straßen *Grodzka* und *Nowy Świat* zum ehemaligen Königsplatz (*Plac 1 Maja*). Unterwegs lohnt ein Besuch des ➢Arsenals sowie der Barbarakirche, des Treffpunkts der orthodoxen Gemeinde. Der **Königsplatz** ist einer der wichtigsten Verkehrsknotenpunkte Breslaus. Im großen Sezessionsbau (Nr. 2) befindet sich heute die Musikakademie, ihm gegenüber ein großer, von neobarocken Siegesallegorien flankierter Steinbrunnen aus dem Jahr 1905.

Von nun an kann man wieder am grünen Stadtgraben entlangspazieren. Nach wenigen Minuten ist der **Schloßplatz** (*Plac Wolności*) erreicht, auf dem zu Beginn des 20. Jahrhunderts Militärparaden abgehalten wurden. Am 31. Juli 1935 war es Hitler, der an dieser Stelle den Umzug von 150.000 Sportlern abnahm – ein kleines Vorspiel zu den Berliner Olympischen Spielen im Jahr darauf. Der ehemalige Königspalast an der Nordseite ist heute Sitz des ➢Historischen Museums, im Osten ragt das Gebäude der Oper auf. Damit ist der Endpunkt unseres Spaziergangs erreicht, rechts geht es zum Bahnhof, links zum Ring.

9. Scheitniger Park und Zoologischer Garten

Von der **Kaiserbrücke** (*Most Grunwaldzki*), der längsten Hängebrücke Polens, genießt man einen weiten Blick über den Fluß und die vorgelagerte Sand- und Dominsel. Im Osten befinden sich Universitätsklinik, Polytechnikum und landwirtschaftliche Akademie; im angrenzenden Wohnviertel leben über 10.000 Studenten. Nichts mehr erinnert daran, daß in diesem Teil Breslaus Gauleiter Hanke, der Kommandeur der »Festung Breslau«, ganze Straßenzüge sprengen und planieren ließ. Zwangsarbeiter, Kriegsgefangene und KZ-Häftlinge mußten im Feuer alliierter Luftangriffe und sowjetischer Artillerie einen Flugplatz bauen - dabei verloren Tausende von Menschen ihr Leben. Das einzige Flugzeug, das schließlich von hier startete, brachte den Gauleiter heim ins sichere Reich. Währenddessen mußten die Bewohner in der Festung Breslau ausharren, Flucht war unter Androhung der Todesstrafe verboten.

Ostwärts erreicht man die über einen alten Oderarm gespannte **Paßbrücke** (*Most Zwierzyniecki*): eine moderne Stahlkonstruktion der Jahrhundertwende, garniert mit historisierenden Brückenköpfen. Der Name ›Paßbrücke‹ erinnerte an jene Zeit, da Stadtbesucher gezwungen waren, sich von der hier stationierten Wache auf Pest überprüfen zu lassen. Jenseits des Flußübergangs beginnt ein großes Park- und Erholungsgebiet.

Biegt man von der Straße *Wróblewskiego* rechts ab, kommt man zum ➛**Zoo**, der bereits 1865 gegründet wurde und zu den größten des Landes gerechnet wird. Über 5300 Tiere 600 verschiedener Arten leben hier, darunter Schimpansen und Gorillas, Känguruhs und Giraffen, Löwen und Panther, Polar- und Braunbären. Links der Straße *Wróblewskiego* erblickt man ein weitläufiges, von einem Park umschlossenes Areal. Hier steht die 1913 von Max Berg entworfene **Jahrhunderthalle** (Ha-

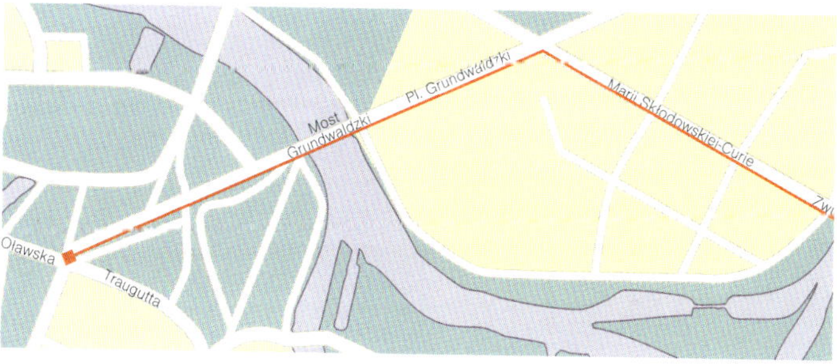

➤ Blick über die Gondelbucht auf die Dominsel

la Ludowa), salopp ›Tortenschachtel‹ genannt: eine gigantische Eisenbetonkonstruktion, die zur Hundertjahrfeier der Völkerschlacht bei Leipzig errichtet wurde. Die damals weltweit größte freischwebende Kuppel war 42 m hoch und maß 67 m Spannweite; 20.000 Menschen fanden unter ihr Platz. Zur Einweihung des kostspieligen Baus war die Kaiserfamilie persönlich angereist. In seiner Rede würdigte der Breslauer Bürgermeister die Halle als ein Symbol des Deutschen Reichs: »*Wie die mächtigen Streben dieser Riesenkuppel sich im Kuppelring verbinden, so vereinigen sich die deutschen Stämme unter dem sicheren Schutz des deutschen Reichs treuer Bundesgenossenschaft.*« 84 Jahre später ließ es sich auch der Papst nicht nehmen, hier seine Stimme zu erheben – weil die Akustik so phantastisch ist. Bei seinem Breslaubesuch 1997 verurteilte er die »*von liberaler Ideologie durchtränkten demokratischen Konzeptionen*« und setzte mit Macht das Kirchenlied *Christus König, Christus Führer* dagegen.

Den Eingang zur Jahrhunderthalle markiert *Iglica*, die ›Nadel‹: eine schlanke Stahlsäule, die knapp 100 m in die Höhe schießt. Architekturfreunde machen einen Abstecher zum Viertel **Sępolno**, das sich östlich der Straße *Kopernika* ausdehnt. Es wurde 1929 von Bauhaus-Architekten entworfen, eine im Stil funktionaler Sachlichkeit gehaltene ›Idealstadt‹ mit großzügig angelegten Häusern inmitten grüner Umgebung. Schon bei ihrer Entstehung war sie völkischen Anfeindungen ausgesetzt und wurde von mehreren Zeitungen als ›Klein-Marokko‹ diffamiert – nicht nur wegen ihrer avantgardistischen Architektur, sondern auch aufgrund des dort gestarteten Versuchs, neue Formen gemeinschaftlichen Lebens auszuprobieren. So gab es ein sogenanntes ›Ledigenhaus‹, mit dem sich eine Alternative zur Vereinzelung in separaten, abgeschlossenen Wohneinheiten eröffnete. Das Haus stammt von Hans Scharoun und erinnert mit seinen fließenden Formen und den zur Straße hin kleinen Fenstern an einen Schiffsrumpf. Heute beherbergt es ein Hotel.

Nördlich der Jahrhunderthalle erstreckt sich ein Wasserteich, der von einem 800 m langen Laubengang gesäumt ist. Von hier führt eine gebogene Brücke hinüber zum **Scheitniger Park** (Park Szczytnicki), der im englischen Stil Ende des 18. Jahrhunderts angelegt wurde. Sein Prunkstück ist ein **Japanischer Garten** mit vielen exotischen Bäumen. Seit dem 9. Mai 1995 schmückt den Park auch wieder ein **Schillerdenkmal**. *Theater an der Oder*, die Gesellschaft für kulturelle Zusammenarbeit von Polen und Deutschen, ließ die weiße Marmorbüste rekonstruieren, nachdem das Original im Zweiten Weltkrieg zerstört worden war.

10. Jüdisches Breslau

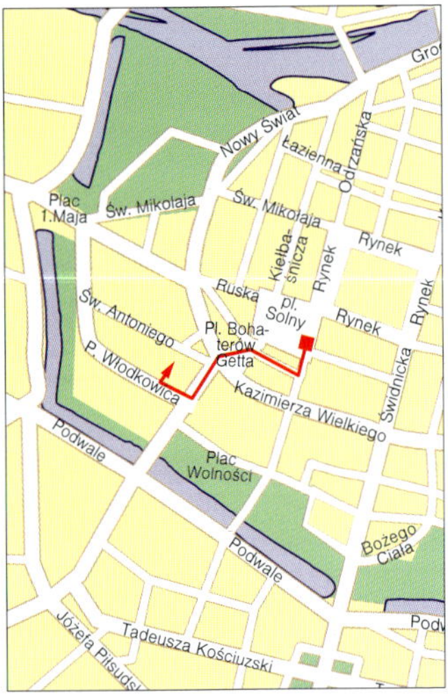

Juden gab es in Breslau schon seit der Stadtgründung im 12. Jahrhundert. Sie wohnten zunächst im heutigen Universitätsviertel, wurden jedoch im 14. Jahrhundert von dort verdrängt: Christliche Kaufleute und Handwerker, die sich der jüdischen Konkurrenz entledigen wollten, entfachten antisemitische Pogrome. 1345 ordnete der böhmische König die Zerstörung des jüdischen Friedhofs in Breslau an – viele Juden verließen darauf die Stadt. Der antisemitische Haß gipfelte im sogenannten Hostienschändungsprozeß von 1453: die Breslauer Juden wurden bezichtigt, Hostien in den Kirchen verunreinigt und damit einen Anschlag auf den Leib Christi verübt zu haben. 41 Juden wurden als Mörder verbrannt, alle übrigen mußten die Stadt verlassen. »*Für ewige Zeiten*«, so verfügte der böhmische König 1455, sollte die Stadt von Juden ›gesäubert‹ sein. Die Ewigkeit währte knapp 200 Jahre: Ab Beginn des 17. Jahrhunderts kamen sie zögernd nach Schlesien zurück und ließen sich auch wieder in Breslau nieder. Der Stadtrat hatte erkannt, daß sie für den Handel mit Polen, wo die Juden einen bedeutenden Wirtschaftsfaktor darstellten, äußerst förderlich waren. Gleichwohl wurde ihre Zahl auf 1000 beschränkt; in einem ausgeklügelten, speziell für die Juden entworfenen Rechtssystem wurden sie in acht Klassen aufgeteilt: nur den ›nützlichsten‹ Familien wurde Gleichberechtigung gewährt. 1812 wurde der unsichere Status der jüdischen Brelsauer beseitigt, die Erklärung zu »Einländern und Staatsbürgern« räumte den preußischen Juden (fast) alle Bürgerrechte ein. Nur von Stellen in Justiz und Verwaltung, von der Offiziers- und Universitätslaufbahn blieben sie noch jahrzehntelang weitgehend ausgeschlossen. Dank der rechtlichen Gleichstellung konnten sich Juden endlich relativ sicher fühlen und siedelten sich auch in Breslau in großer Zahl an. Viele sahen ihr Heil in der von Moses Mendelssohn propagierten Assimilation an die aufklärerische Kultur der Christen, suchten sich durch Studium an der Universität von den Fesseln der jüdischen Orthodoxie zu befreien. Die jüdische Gemeinde Breslaus wuchs zur drittstärksten Deutschlands heran, nur in Berlin und Frankfurt war sie größer.

Die Tatsache, daß sich viele Juden zu den reichsten Bürgern Breslaus zählen durften, weckte unter den Christen Mißgunst und Neid. In der Weimarer Republik war immer häufiger von jüdischer »Überfremdung« die Rede, mit der Machtergreifung der Nationalsozialisten wurde der Antisemitismus offizielle Regierungspolitik. Juden wurden zu unerwünschten Personen erklärt und aus dem Staatsdienst entlassen. 1938 mußten sie ihr Vermögen offenlegen, die »jüdischen Millionäre« waren »enttarnt«. Wie überall in Deutschland brannten in der ›Reichskristallnacht‹ auch in Breslau die Synagogen: die Neue Synagoge, das zweitgrößte jüdische Gotteshaus im Reich, ging in Flammen auf und zerbarst – nur die Storch-Synagoge hat die Nacht überstanden.

Für viele jüdische Bürger waren die Geschehnisse jener Nacht vom 9. auf den 10. November das endgültige Signal, sich der fortschreitenden Entrechtung durch Emigration zu entziehen. Ende des Jahres lebten nur noch 10.000 Juden in Breslau, weniger als die Hälfte der ursprünglichen Bevölkerung. Ab dem 23. Oktober 1941 war es Juden nicht länger möglich zu fliehen: Eigentum wurde konfisziert, Wohnungen enteignet. In einem Lager außerhalb der Stadt warteten sie auf ihre »Umsiedlung«. Knapp einen Monat später brachte sie ein Güterzug nach Kaunas in Litauen, wo sie am 29. November 1941 ermordet wurden.

»Erfolgsbilanz« des 10. November 1938

»Eine Synagoge verbrannt, zwei Synagogen zerstört, zwei jüdische Soziallokale zerstört, ein Haus der *Gemeinschaft der Freunde* demoliert, mindestens zehn jüdische Gastwirtschaften zerstört, etwa 600 Männer verhaftet, etwa 35 andere jüdische Unternehmen zerstört.«

(SS-Oberführer Katzmann, Bericht an die Vorgesetzten)

Stätten der Erinnerung

Zentrum des jüdischen Lebens in Breslau war der kleine malerische Platz, der von der Südwestecke des Salzmarkts abzweigt. Schon oft hat er seinen Namen gewechselt, allein im letzten Jahrhundert viermal: Erst war er nach Kaiser Karl IV., dann nach Ferdinand Lassalle benannt. 1933 ersetzten die Nationalsozialisten den Namen des jüdischen

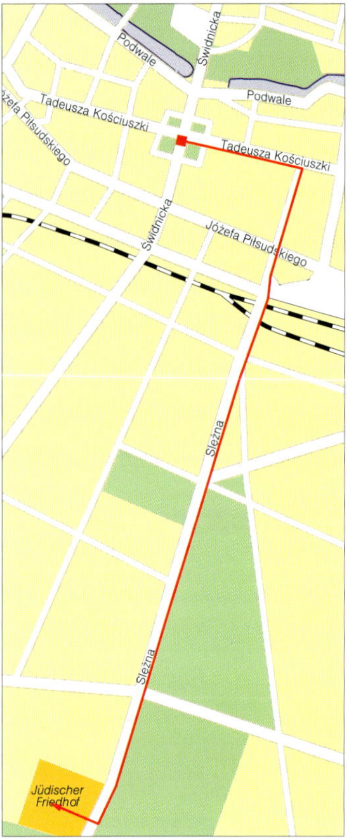

Arbeiterführers durch die unverfängliche Bezeichnung Roßmarkt. Seit dem Zweiten Weltkrieg heißt er **Platz der Ghettohelden** (*Plac Bohaterów Getta*), ein Gedenkstein in seiner Mitte erinnert an die Opfer des Nazi-Terrors.

200 m westlich des Platzes, erreichbar über die *Włodkowica* 7/9 (ehemals Wallstraße), findet man die **Synagoge Zum weißen Storch**, 1829 von Langhans junior in klassizistischem Stil errichtet. Der letzte Gottesdienst fand 1968 statt, heute wird die Synagoge für Konzerte genutzt. Im Nachbarhaus Nr. 5/9 befand sich der *Kahal*, der jüdische Gemeinderat; das Haus Nr. 18 beherbergte das Jüdisch-Theologische Seminar, in dem Rabbiner ausgebildet wurden. Dank seiner ungewöhnlich regen Arbeit galt das Institut, das bereits 1854 den Lehrbetrieb aufgenommen hatte, als eines der wichtigsten jüdischen Forschungszentren weltweit.

Daß Breslau eine deutsche Stadt war, spürt man nirgends deutlicher als auf dem **Jüdischen Friedhof** im Süden der Stadt (an der *Ślężna*). Auf über 10.000 Grabsteinen findet man deutsche Namen und Inschriften. Heute gilt der durch hohe Mauern abgeschirmte Friedhof, auf dem seit 1942 kein Jude mehr beigesetzt wurde, als »Museum der Grabmalkunst«: die wertvollsten Mausoleen und Kapellen, Sarkophage und Obelisken werden dem Verfall entrissen und allmählich restauriert. Hier ruhen die Familien Wertheim und Singer, Friedländer und Schottländer: Dynastien von Großkaufleuten und Bankiers, deren Namen noch heute vertraut klingen. Trotz begonnener Restaurierung wirkt der Friedhof wie ein romantischer Park. Unter knorrigen Bäumen stehen schiefe Grabsteine, auf dem Boden liegen zerborstene, von Gras überwucherte Marmorplatten. Gleich am Eingang sieht man ein Grab-

➢ Auf dem jüdischen Friedhof

mal mit hebräischen Schriftzeichen, darunter Erläuterungen in deutscher Sprache: »*Dieses Grabmal wurde im Grunde des katholischen Pfarrhauses in Lissa (Kreis Neumarkt) gefunden und stand einst zu Haupten des R. Simon, Sohnes des R. Isaak Heinrich, der am 20. Schebat 5105 (= 1. Februar 1345) erschlagen worden ist.*« Der mittelalterliche jüdische Friedhof befand sich in der Ohlauer Vorstadt (heute ul. Oławska), nach seiner Zerstörung wurden die Grabplatten in alle Winde zerstreut. Wie dieser Stein ins 14 Kilometer entfernte katholische Pfarrhaus kam, hat bisher nicht ergründet werden können.

Erstaunlich viele Grab- und Erinnerungstafeln beschwören den patriotischen Geist der deutschen Juden. So ist auf einer Platte in schön geschwungenen Lettern zu lesen: »*Hier ruht unser geliebter Vater, Groß- und Urgroßvater Israel Silberstein. Veteran aus dem Befreiungskriege 1813/15*«. Auf einer anderen Grabplatte wird eines Juden gedacht, der »*den Tod fürs Vaterland*« 1870 in Donchery starb. Ein anderer »*fiel in den Kämpfen bei Lens*«. Und eine weitere, mit Stahlhelm und Eichenlaub geschmückte Steinplatte ist »*dem Andenken der im Weltkriege gefallenen 450 Gemeindeangehörigen*« gewidmet. Doch auch weniger national gesinnte Juden sind hier begraben, so Ferdinand Lassalle (➛Portraits), der vom Burschenschafter zum Gründer des Allgemeinen Deutschen Arbeitervereins aufrückte. Früher zogen an seinem Todestag, dem 31. August, Tausende von Arbeitern zu seinem Grab. Der sozialdemokratische Politiker Paul Löbe erinnert sich: »*Jedes Jahr gab es einen Kampf mit der Polizei um die roten Kranzschleifen. Mit Scheren bewaffnet, stellten sich am frühen Morgen die Ordnungshüter am Grabe ein und schnitten jede Schleife mit ›revolutionär‹ klingender Inschrift ab, um sie als Trophäe ins Polizeipräsidium zu führen.*« Mit Geldern der Friedrich-Ebert-Stiftung wurde Lassalles Grab inzwischen restauriert; 1989, zu seinem 125. Todestag, hielt Johannes Rau vor versammelter deutsch-polnischer Delegation eine Rede.

Auf dem Friedhof ruhen auch Gustav Born, der Vater des Physikers und Nobelpreisträgers Max Born, Hedwig und Siegfried Haber, Eltern des mit einem Nobelpreis für Chemie ausgezeichneten Fritz Haber. Weitere berühmte Verwandte sind die Sozialreformerin – und Poetin der unfreiwilligen Komik – Friderike Kempner, Tante des Theaterkritikers Alfred Kerr, und Siegfried Stein, Vater der Philosophin Edith Stein (➛Portraits).

✦ Jüdischer Friedhof (Stary Cmentarz żydowski), ul. Ślężna 119 (Bus 122, 133, 134 oder Straßenbahn 9, 19), tgl. 10–18 Uhr.

Unterkünfte

Wer zuvor in Warschau war und über die hohen Preise klagte, atmet in Breslau auf. Hier gibt es selbst in Zentrumsnähe erstaunlich viele Hotels der mittleren und unteren Preisklasse. Nur im Juli und August mag es vorkommen, daß sie bereits am frühen Nachmittag ausgebucht sind, rechtzeitige Reservierung ist deshalb zu empfehlen. Je zwei Jugendherbergen und Campingplätze sind das ganze Jahr über geöffnet, im Sommer kann man auch in einem der Studentenwohnheime übernachten. Die **Reservierung** ab Deutschland, Österreich und der Schweiz erfolgt per Telefon oder Fax über die **Vorwahlnummer** 0048/71.

➢ Reizvoll kontrastiert der postmoderne Bau des Hotels Maria Magdalena mit der gleichnamigen Kirche

Preisklassen
Die Preise gelten jeweils für ein Doppelzimmer inkl. Frühstück. Für ein Einzelzimmer zahlt man ca. 70% des Preises für ein DZ.
Obere Preisklasse: ab 100 €
Mittlere Preisklasse: 60–100 €
Untere Preisklasse: 30–60 €
Sehr preiswert: bis 35 €

Die Anmerkung (CC) bedeutet, daß alle gängigen Kreditkarten angenommen werden.

Obere Preisklasse (100–200 €)

Radisson hat gegenüber dem Panorama Racławicka und nur wenige Gehminuten vom Marktplatz entfernt, ein Nobelhotel eröffnet. Das Haus gibt sich außen wie innen minimalistisch, bietet Entspannung und viel Komfort ohne überflüssigen Schnickschnack. Die Zimmer sind geräumig und elegant, haben Klimaanlage, Sat-TV und Internetanschluss; Gäste der Business Class erhalten gratis Tageszeitungen, Bademantel und Slipper. Das Frühstücksbüfett ist hervorragend – selbst frisch gepresster O-Saft fehlt nicht. Das Personal ist zuvorkommend, aber nicht devot. Mit kleinem Internet-Center, Sauna und Fitness sowie bewachter Tiefgarage. Es lohnt sich, nach dem Wochenendrabatt zu fragen.

✦ Radisson, ul. Purkyniego 10, Tel. 3750000, Fax 3750010, www.radissonsas.com, 162 Zimmer (CC)

Maria Magdalena ist ein fünfstöckiges Hotel gegenüber der gleichnamigen Kirche mit auffallend vorspringendem Turm. Aus den meisten Zimmern hat man einen Blick auf das Kirchenschiff mit seinen Maßwerkfenstern und gotischen Giebeln; die Räume im fünften Stock verfügen über einen kleinen Balkon. Prunkstück des Hotels ist die im Biedermeierstil eingerichtete Suite.

✦ Maria Magdalena, ul. Św. Marii Magdaleny 2, Tel. 3410898, Fax 3410920, www.qubushotel.com, wroclaw@qubushotel.com, 83 Zimmer (CC)

Das **Sofitel** besticht nicht nur durch seine tolle Lage gegenüber der Elisabethkirche nahe am Rynek, sondern auch durch seinen dezenten Luxus: Marmor, Leder und Edelholz in Naturfarben sorgen für Entspannung. Das Frühstücksbüfett lässt kaum einen Wunsch offen, großes Lob verdient auch das Wellness-Center im Obergeschoss mit türkischer und finnischer Sauna, Whirlpool und Massagesalon.

✦ Sofitel Wroclaw, ul. Św. Mikołaja 67, Tel. 3588300, Fax 3588301, www.orbis.pl/sofitelwroclaw, 205 Zimmer (CC)

Mercure Panorama liegt knapp östlich der Altstadt auf dem Weg zum Panorama Racławicka. Es wurde 2002 erbaut, doch fügt es sich mit seiner Fassade aus Backstein und Glas gut in die historische Architektur ein. Alle Zimmer sind ausgestattet mit Klimaanlage und Internet-Zugang. Da das Hotel an einer verkehrsreichen Straße liegt, sollte man ein möglichst ruhiges Zimmer im 6. Stock wählen - am besten zur Seite der Adalbertkirche. Morgens gibt es ein Frühstücksbüfett in einem bistroähnlichen Salon.

✦ Mercure Panorama, pl. Dominikański 1, Tel. 3232700, Fax 3443681, www.orbis.pl, 152 Zimmer (CC)

Das Hotel **Art** wurde 1996 nahe dem Ring eröffnet und befindet sich in zwei sorgfältig rekonstruierten Renaissancehäusern. Die weitläufige Lobby besticht durch ein helles Gewölbe aus dem frühen 16. Jahrhundert. Im Untergeschoss befindet sich ein Restaurant, die Geschäftswelt trifft sich in drei Konferenzsälen für jeweils etwa 60 Personen. Die Zimmer sind gepflegt, doch etwas überteuert.

✦ Hotel Art, ul. Kiełbaśnicza 20, Tel. 3424249, Fax 3423929, www.arthotel.wroc.pl, 70 Zimmer (CC)

Dwór Polski ist in einem barocken Bürgerpalais am Ring untergebracht - kein Hotel der Stadt liegt besser. Alle Zimmer sind mit dunklen Holzmöbeln eingerich-

➢ In Breslau ist auch bei der Unterkunft für jeden Geschmack gesorgt. Hier das in einem Barockhaus untergebrachte Hotel Dwór Polski

POLSKI

tet, allerdings wirken sie trotz des romantischen Himmelbetts mittlerweile verwohnt. Im Hotel befinden sich das gutbürgerliche Restaurant Królewska, eine rustikale Honigweinstube sowie Café und Bar.

✦ Dwór Polski, ul. Kiełbaśnicza 2, Tel. 723415, Fax 723419, www.dworpolski.wroclaw.pl, 28 Zimmer (CC)

Das **Best Western Prima** wenige Schritte vom Ring hat der anglophile Besitzer im Stil von William Morris à la 19. Jahrhundert eingerichtet. Unbedingt meiden sollte man die lauten Zimmer zur ul. Nowy Świat.

✦ Best Western Prima, ul. Kiełbaśnicza 1619, Tel. 7825555, www.bestwestern-prima.pl, 79 Zimmer (CC)

Park Plaza, ein modernistisches Vier-Sterne-Hotel nördlich der Sandinsel, liegt gut 10 Gehminuten von der Altstadt entfernt und bietet komfortable Zimmer und Suiten, einige behindertengerecht. Die schöneren Räume liegen zur Flussseite, eröffnen von den oberen Stockwerken einen tollen Blick auf die barocke Universitätsfassade. Zum Hotel gehören ein gutes Restaurant, mehrere Konferenzräume und eine Tiefgarage.

✦ Park Plaza, ul. Drobnera 7, Tel. 3208400, Fax 3208459, www.beph.pl, 178 Zimmer (CC)

Hotel **Tumski** liegt auf einer kleinen Insel zwischen Altstadt und Dombezirk. Das attraktiv in historisierendem Stil errichtete Gebäude einer ehemaligen Burschenschaft bietet behagliche Zimmer mit TV-Sat und Internetanschluß. Das Restaurant »Zur Alten Mühle« (Karczma Młyńska) serviert traditionelle polnische Küche.

✦ Hotel Tumski, ul. Wyspa Słodowa 10, Tel. 3226099, Fax 3226113, www.hotel-tumski.com.pl, 57 Zimmer (CC)

Holiday Inn an der zentralen Kreuzung ul. Piłsudskiego und ul. Świdnicka, ca. zehn Gehminuten vom Marktplatz, bietet dem Gast den bei der Kette gewohnten Komfort: behagliche Zimmer mit extra breiten Betten, Tee- und Kaffeekocher, dazu einem geräumigen Bad mit Kosmetik-Set. Das üppige Frühstücksbüfett, bei dem selbst frisch gepreßter O-Saft nicht fehlt, wird in dem einer Bibliothek nachempfundenen Restaurant eingenommen. Entspannen kann man sich in der Sauna, Muskeln trainieren im Fitneß-Studio. Rundum freundliches, zuvorkommendes Ambiente.

✦ Holiday Inn, ul. Piłsudskiego 49-57, Tel. 7870000, Fax 7870001, www.wroclaw.globalhotels.pl, 164 Zimmer (CC)

Hotel **Wrocław** (Orbis), 1 km südwestlich vom Bahnhof an der Zubringerstraße zur E-40, ist ein elfstöckiger Betonbau aus den 1970er Jahren, der vor allem von Busgruppen angesteuert wird. Die Zimmer sind funktional-komfortabel; das Restaurant bietet polnische und internationale Kost; die Backwaren stammen aus der hoteleigenen Konditorei. Mit Hallenbad und Sauna, Business Center, Casino und bewachtem Parkplatz.

✦ Hotel Wrocław, ul. Powstańców Śląskich 7, Tel. 3614651, Fax 3616617, www.orbis.pl, 285 Zimmer (CC)

Novotel, ein Orbis-Haus, liegt in einem ruhig-grünen Wohnviertel 5 km südlich des Stadtzentrums nahe der E-40. Die Zimmer sind groß und gemütlich, verfügen über TV-Sat und Minibar; am schönsten wohnt man auf der Südseite mit Blick auf Bäume und Swimming-Pool. Für Autoreisende und Familien mit Kindern keine schlechte Adresse.

✦ Hotel Novotel, ul. Wyścigowa 35, Tel. 3398051, Fax 3398075, 150 Zimmer (CC)

Mittlere Preisklasse (60–100 €)

Das Hotel **Patio** liegt in einem schön restaurierten Haus der Jahrhundertwende im Schatten der Elisabethkirche, nur 100 m nordwestlich des Rynek. Man betritt es durch einen lichtdurchfluteten Innenhof (daher der Name), der über vier Stockwerke von Galerien gesäumt ist. Die Zimmer sind geräumig, ruhig und komfortabel, mit hellen Holzmöbeln behaglich eingerichtet. Sie sind ausgestattet mit Klimaanlage und Sat-TV, der Parkplatz ist bewacht.

✦ Patio, ul. Kiełbaśnicza 24, Tel. 3410916, Fax 3439149, www.hotelpatio.pl, 48 Zimmer (CC).

Duet bietet behagliche und helle Zimmer ohne tollen Ausblick; aufgrund des aufmerksamen Service mag man diesen Mangel verschmerzen.

✦ Duet, ul. Mikołaja 4748, Tel. 7855100, Fax 7855105, www.exbud-hotel.wroc.pl, 39 Zimmer (CC)

Das **Europeum** ist das »Stadthaus« der Stiftung Kreisau (s. S. 152). Der Glasbau, in dem sich auch Büros befinden, steht an der lauten Straße Kazimierza Wielkiego zwischen einer evangelischen Barockkirche und einem hypermodernen Kinopalast. Die Zimmer sind freundlich-funktional, der Service ist zuvorkommend. Für die Tiefgarage muss extra gezahlt werden.

✦ Europeum, ul. Kazimierza Wielkiego 27-A, Tel. 3714500, Fax 3714401, www.europeum.pl, 20 Zimmer

Monopol, ein weiteres Orbis-Haus, liegt direkt neben der Oper. Es ist Breslaus ältestes Hotel im Stil des Fin de Siécle (1892) und wirkt mittlerweile angestaubt. Wie man hort, haben hier Pablo Picasso und Marlene Dietrich genächtigt, vom Balkon des Zimmers 113 salutierte Hitler den vorbeidefilierenden Truppen. Der letztgenannte Raum ist der schönste und teuerste, eingerichtet mit einem mächtigen antiken Schrank und einem imposanten Schreibtisch. Ausstattung und Komfort der übrigen Zimmer sind unterschiedlich, verfügen aber meist über Bad und Sat-TV.

✦ Hotel Monopol, ul. H. Modrzejewskiej 2, Tel. 3437041, Fax 3435103, www.orbis.pl, 72 Zimmer (CC)

Europejski schräg gegenüber vom Bahnhof zählt über 100 Jahre, einige Besucher kennen es noch unter dem Namen »Hotel Hohenzollern«. Es bietet Doppelzimmer mit Bad. Am Wochenende gibt es auf sämtliche Unterkünfte 25% Rabatt. Um dem Straßenlärm zu entfliehen, empfiehlt es sich, ein Zimmer mit Aussicht zum Hinterhof zu wählen.

✦ Hotel Europejski, ul. Piłsudskiego 88, Tel. 3431, Fax 443433, www.odratourist.pl, 30 Zimmer (CC)

Zaułek im Schatten der Universität ist klein und gemütlich. Leicht überteuerte Zimmer in einem renovierten alten Bürgerhaus, angeschlossen ein kleines Lokal.

✦ Hotel Zaułek, ul. Odrzańska 18a, Tel. 3410046, Fax 402947, www.hotel.uni.wroc.pl, 12 Zimmer

Das **Wodnik** (Wasserhotel) liegt östlich des Stadtzentrums in der Nähe der Breslauer Wasserwerke, verfügt über Sauna und Fitness. Alle Zimmer mit Sat-TV, auf Wunsch werden Gäste gratis vom Flughafen bzw. Bahnhof abgeholt. Am Wochenende gibt's Rabatt.

✦ Hotel Wodnik, ul. Na Grobli 28, Tel. 3433667, Fax 3429344, 25 Zimmer

Das **Motel** (Orbis) befindet sich 8 km nordwestlich des Stadtzentrums an der Straße in Richtung Zielona Góra. Die Zimmer verteilen sich auf mehrere Pavillons in einem grünen, umzäunten Areal.

✦ Hotel Motel, ul. Lotnicza 151, Tel. 3518153, Fax 3518577, 75 Zimmer (CC)

Das **Internationale Jugendtreffzentrum GEM** wurde 1995 von einer deutsch-polnischen Fördergesellschaft errichtet. Es liegt 3 km nordöstlich des Stadtzentrums im ruhigen Ortsteil Zacisze. Komfortable, doch nicht mehr preisgünstige Zimmer mit Bad und TV-Sat, dazu ein gutes Restaurant, ein 25x25 m großes Hallenbad, Sauna, Tennis-, Basket- und Fußballplätze. Der Parkplatz ist bewacht. Anfahrt: Vom Zentrum über die Szczytnicki-Brücke nordwärts über die al. Jana Kochanowskiego, dann links in die Mianowskiego und die vierte Straße rechts.

✦ GEM Internationales Jugendtreffzentrum (Międzynarodowe Centrum Spotkań Młodzieży GEM), ul. Baudouin'a de Courtenay 16, Tel. 3729213,

Fax 3729002,
www.hotelgem.com.pl,
hotel@hotelgem.com.pl, 50 Zimmer

Untere Preisklasse (30–60 €)

Polonia, vor dem Zweiten Weltkrieg als »Hotel Vier Jahreszeiten« bekannt, liegt westlich des Bahnhofs und ist zu Fuß in knapp 10 Minuten erreichbar. Nur die renovierten, von der Hauptstraße abgewandten Zimmer sind zu empfehlen: ruhig und geräumig, ausgestattet mit Sat-TV.

✦ Hotel Polonia,
ul. Piłsudskiego 66, Tel. 3431021,
Fax 447310, www.odratourist.pl,
150 Zimmer (CC)

Das über 100 Jahre alte **Savoy** ist vom Bahnhof in 10 Minuten zu Fuß erreichbar: Man hält sich links auf der Piłsudskiego und biegt in Sichtweite des sich breit öffnenden Plac Kościuszki rechts ein. Alle Zimmer mit Sat-TV, am Wochenende Rabatt.

✦ Hotel Savoy, pl. Kościuszki 19,
Tel. 3443, 32 Zimmer

Das Hotel **Wieniawa**, das ehemalige Garnizonowy, liegt 1,5 km südlich des Stadtzentrums und bietet saubere Zimmer mit Bad und Sat-TV, auch gibt es ein Café-Restaurant.

✦ Wieniawa, ul. Gajowicka 130,
Tel. 3653303,
www.wieniawahotel.pl,
112 Zimmer.

Podkowa liegt 5 km südlich des Zentrums, 200 m vom Novotel entfernt. Die Zimmer verfügen über eigenes Bad, das Hotelrestaurant bietet polnische Hausmannskost.

✦ Hotel Podkowa, ul. Wojszyka 8,
Tel. 3398360, Fax 3398360,
16 Zimmer

U Szermierzy (Zum Fechter) ist klein, einfach und billig, knapp östlich des Stadtzentrums gelegen. Der Eingang des einzelstehenden Hauses jenseits der Straße ist etwas schwierig zu finden, erreichbar über die Tür Nr. 30 und einen nicht immer wohlriechenden Flur. Eines der 10 Zimmer verfügt über Bad.

✦ Hotel U Szermierzy,
ul. Krasińskiego 30b,
Tel./Fax 3434989, 10 Zimmer

Śląsk ist an das Sportzentrum im 4 km südwestlich gelegenen Vorort Gajowice angeschlossen, erreichbar mit Straßenbahn Nr. 4, 11 und 33. Alle Zimmer mit Bad, dazu Restaurant und Bar.

✦ Hotel Śląsk, ul. Oporowska 62,
Tel. 3612061, Fax 3612211,
108 Zimmer

Jugendherbergen und Studentenwohnheime

Die **Jugendherberge Tumski**, angeschlossen ans gleichnamige Hotel, liegt auf einer kleinen Flussinsel, wenige Gehminuten vom Zentrum entfernt. Sie ist nicht nur die schönste Herberge

Breslaus, sondern vielleicht ganz Polens und verfügt über vier Doppel-, drei Vier-, zwei Sechs- und ein Zehnbettzimmer. Mit internationalem JH-Ausweis erhält man Rabatt; auf Wunsch kann das Frühstück im Hotel nebenan eingenommen werden. Ganzjährig geöffnet.

✦ Jugendherberge Tumski,
ul. Wyspa Słodowa 10,
Tel. 3226099, Fax 3226113,
www.hotel-tumski.com.pl,
7 Zimmer

Auch die **Jugendherberge** nördlich des Bahnhofs ist ganzjährig geöffnet. Ihre 40 Betten sind im Sommer fast immer ausgebucht. Wer Glück hat, bekommt einen Platz im 6-Betten-Raum, im größten Raum schlafen 20 Leute.

✦ Jugendherberge (Schronisko Młodzieżowe), ul. Kołłątaja 20,
Tel. 3438856

Einige **Studentenwohnheime** verwandeln sich in den Sommermonaten in preiswerte Herbergen. Die jeweils aktuellen Adressen können Sie in der Touristeninformation erfragen:

✦ Touristeninformation, Rynek 14,
50112 Wrocław, Tel. 443111,
Fax 442962

Camping

Camping AWF (Nr. 117) liegt auf ebenem Wiesengelände im Park Szczytnicki, 4 km östlich des Stadtzentrums nahe dem Olympia-Stadion. Die Anlage verfügt über kleine Bungalows und ist ab Bahnhof mit Straßenbahn Nr. 9, 17 und 32 erreichbar. Nur geöffnet von Anfang Mai bis Mitte Oktober.

✦ Camping AWF (Nr. 117),
al. Paderewskiego 35,
Tel. 484651, Fax 483928

Camping Ślęża (Nr. 267) ist ganzjährig geöffnet und liegt 2,5 km östlich des Stadtzentrums am Oderufer. Mit einigen Campinghäuschen, erreichbar ab Bahnhof mit Straßenbahn Nr. 4, 37 und 40 bis Plac Wróblewskiego, dann zu Fuß 1 km weiter ostwärts.

✦ Camping Ślęża (Nr. 267),
ul. Na Grobli 1618, Tel. 3434442

Essen und Trinken

Restaurants

In Breslau gibt es viele Restaurants, die den Hunger nach fremden und exotischen Genüssen stillen. Vertreten sind inzwischen nicht nur polnische und französische, sondern auch italienische und griechische, chinesische und vietnamesische Küche. Aufgrund des scharfen Wettbewerbs hat sich die Qualität der Speisen deutlich verbessert.

Das Essengehen ist nicht mehr ganz so günstig wie in früheren Zeiten, aber in der Regel noch preiswert. Dort, wo sich die einheimische Bevölkerung trifft, kann man die polnische Speisekarte durchprobieren, ohne tief ins Portemonnaie greifen zu müssen. Importierte Weine und Spirituosen sind jedoch relativ teuer, da sie mit einer 22%igen Steuer belegt werden. Preiswert dagegen ist Bier, das zum beliebtesten Getränk der Polen aufgerückt ist. Gute Sorten wie Piast und Żywiec, EB und Okocim stehen auf jeder Karte, daneben gibt es ausländische Marken.

Noch ein paar nützliche Hinweise:

In Nobelrestaurants ist es üblich, ein Trinkgeld von etwa 10% zu zahlen, in den einfacheren Lokalen rundet man geringfügig auf. Einige Restaurants beschäftigen einen ›Garderobier‹, bei dem man Mantel und Jacke gegen Aufpreis abgeben kann. Bei jüngeren Polen ist diese Institution ebenso umstritten wie die der Toilettenfrau, die bei jedem entsprechenden Gang abkassiert. Um unliebsame Überraschungen zu vermeiden, sollte man wissen: Das Kreissymbol erlaubt Damen, das Dreieck Herren den Zutritt. Die folgende Übersicht soll dem Besucher die Wahl des Restaurants erleichtern – fast alle Lokale liegen in den touristisch interessanten Teilen zwischen Altstadt und Łazienki-Park. Die angegebenen **Preisklassen** beziehen sich auf ein Dreigangmenü mit Getränk.

Untere Preisklasse: bis 15 € (*)
Mittlere Preisklasse: 15–25 € (**)
Obere Preisklasse: über 25 € (***)

La Scala an der Ostseite des Rynek bietet ausgezeichnete italienische Kost. In der Trattoria im Erdgeschoss geht es locker und lebhaft zu, die meisten Gäste essen Pizza und schauen den Köchen bei der Arbeit zu. Auf den Tischen liegen rot karierte Decken, die Bedienung ist freundlich und schnell. Im Obergeschoss ein ganz anderes Ambiente: Dank dunkler Balkendecken und antiker Möbel wirkt der Raum elegant und gemütlich zugleich, weiße Leinentischdecken, dezente Beleuchtung und Blumenbouquets verleihen ihm eine helle Note. Von einigen Tischen kann man auf das bunte Treiben am Marktplatz hinabschauen. Auf der Karte findet sich italienische Edelkost wie Carpaccio, Broccoli in Sahnesoße oder hauchdünne Kalbsfiletscheiben mit Thunfischsoße. Je nach Saison wird die Speisekarte variiert, im Herbst ist Wild mit frischen Pfifferlingen zu empfehlen. Viele Gäste kommen auch nur, um einen der knackigen Salate zu bestellen - dazu gibt es frisches Ciabatta-Brot und Knoblauchbutter. Der Service ist freundlich, der Wirt Łeszek Wójcik spricht deutsch und liebt den unmittelbaren Kontakt mit seinen Gästen.

✦ La Scala, Rynek 38,
Tel. 3725394, ab 11 Uhr,
obere/mittlere Preisklasse

Cesarsko-Królewska, das »kaiserliche« Restaurant gegenüber vom Rathaus bietet habsburgische Küche in originell gestylten Räumen: dem gotischen »Prager-«, dem barocken »Budapester-« und dem »Wiener-Rokoko-Saal«; im Sommer sitzen die Gäste am liebsten auf der Terrasse. Ein Menüvorschlag: als Entree Räucherlachs auf Ricotta-Käse und anschließend Schweinelende mit Kräuterschwemmklößchen und Pfifferlingen. Als Dessert empfiehlt der Koch drei Varianten aus dem Habsburger Reich: süße Quarkklößchen mit Obstsoße (tschechisch), flambierte Pfannekuchen mit Nussfüllung (ungarisch) und Apfelstrudel mit Vanilleeis (österreichisch).

✦ Cesarsko-Królewska, Rynek 19, Tel. 3419204, tgl. ab 12 Uhr, obere/mittlere Preisklasse

Piwnica Świdnicka, viele Jahrhunderte als »Schweidnitzer Keller« bekannt, hat 2002 neu eröffnet. Kein müder Złoty wurde gescheut, um an die ruhmreichen Zeiten anzuknüpfen. Die neun Säle unter dem Alten Rathaus wurden aufwändig restauriert, ein jeder ist anders gestaltet und bietet die dazu passende Küche: Im Fürstensaal mit seinen mittelalterlichen Fresken labt man sich an altpolnischer Adelsküche; im rustikalen Bauernsaal gibt's Deftiges wie Bigos und Grillfleisch. Eine Henkersmahlzeit (d.h. das Feinste vom Allerfeinsten) erwartet Gäste in der »Höhle«, in der einst die zum Tode Verurteilten auf die Vollstreckung ihrer Strafe warteten – wie es heißt, hat hier Gerhard Schröder bei seinem letzten Breslau-Besuch gespeist.

✦ Piwnica Świdnicka, Rynek-Ratusz, Tel. 3699500, tgl. ab 11 Uhr, obere/mittlere Preisklasse

Natürlich hat auch das Neue Rathaus sein Kellerlokal: Bei **Spiż** wird in zwei großen glänzenden Kupferkessel Bier gebraut, dazu gibt es frischgebackenes Brot mit Schmalz. Wer Deftiges mag, greift zur Biersuppe oder zur hausgemachten fetten Wurst. Für hungrige Gemüter empfiehlt sich das umfangreiche »Spezialgedeck«: erst mit Käse und Pflaumen gefüllte Speckrouladen, dann Filet mit Schafskäsesalat und zuletzt eine Käseplatte.

✦ Spiż, Rynek-Ratusz 9, Tel. 3447225, ab 12 Uhr, mittlere Preisklasse

Im **Akropolis** fühlt man sich ein wenig ans Mittelmeer erinnert: Mit Blick auf die Blumenfrauen des Salzmarkts genießt man leckere, mit Spinat oder Feta-Käse gefüllte Blätterteigteilchen (Spanakopita, Trkopita), vielleicht auch ein kräftiges Moussaka. Während man im Sommer draußen auf der Terrasse sitzt, taucht man im Winter ins Kellergewölbe ab, wo zur Musik von Theodorakis getanzt werden darf.

✦ Akropolis, pl. Solny 18/19, Tel. 3431413, tgl. ab 12 Uhr, mittlere Preisklasse

Gospoda Wrocławska, das »Breslauer Gasthaus«, liegt zwischen Altem und Neuem Rathaus und ist mit viel Holz und gemütlich eingerichtet. Die Kellner erscheinen in mittelalterlicher Tracht, dazu passt die rustikale schlesische Kost: im ersten Saal Fleischgerichte, im zweiten ausschließlich Fisch – leider von schwankender Qualität.

✦ Gospoda Wrocławska, ul. Sukiennice 6, Tel. 3427456, ab 12 Uhr, mittlere Preisklasse

Karczma Lwowska erinnert an ein galizisches Gasthaus. An den Wänden entdeckt man Ansichten der Stadt Lwów (Lemberg), aus der viele heutige Breslauer stammen, dazu Porträts von Kaiser Franz Josef. Der schöne Ausblick vom ersten Stock auf den Rynek entschädigt für den oft mangelhaften Service.

✦ Karczma Lwowska, Rynek 4, Tel. 3439887, ab 11 Uhr, mittlere Preisklasse

Für alle, die es deftig mögen: **Pod Złotym Jeleniem** (Zum goldenen Hirsch), ein Gasthof an der Nordseite des Rynek, bietet Eisbein und Steaks vom offenen Grill, dazu eine große Bierauswahl.

✦ Pod Złotym Jeleniem, Rynek 44, Tel. 723951, ab 11 Uhr, mittlere/untere Preisklasse

Das **Splendido** liegt an der belebten ul. Świdnicka zwischen Marktplatz und Kościuszki-Platz. Serviert wird mediterrane Küche mit viel Einsatz frischer Kräuter, das Ambiente ist luftig-leicht. Dem gleichen Besitzer gehört das **Marché** nebenan, in dem ein anderes gastronomisches Konzept verfolgt wird: Wie bei Mövenpick stellt man sich das Menü selbst zusammen – die in Vitrinen appetitlich arrangierten Speisen lassen das Wasser im Mund zusammen laufen. Ab 21 Uhr, wenn's Rabatt gibt, ist die Stimmung am besten – dann finden sich viele Studenten ein.

✦ Splendido, ul. Świdnicka 53, Tel. 3439555, tgl. ab 12 Uhr, mittlere Preisklasse.

✦ Marché, Garncarskie 2, Tel. 3439565, tgl. ab 10 Uhr, mittlere/untere Preisklasse

Vom **Bazylia** (Basilikum), einer Nobel-Mensa im avantgardistischen Glasanbau der Uni, blickt man auf barocke Prachtfassaden und verspeist große Portionen polnischer Klassiker. Das Publikum ist bunt gemischt, die Stimmung gut, die Preise niedrig.

✦ Bazylia, Kuźnicza 42 / Ecke Uniwersytecka, tgl. 9-20 Uhr, untere Preisklasse

Vega an der Ostseite des Alten Rathauses ist gleichfalls attraktiv. Im Erdgeschoss werden kleine vegetarische Gerichte angeboten, z.B. Soja- und Kartoffelkotelett, Kroketten mit Pilzen und Sauerkraut, im Obergeschoss gibt es eine kleine Auswahl indischer Gerichte.

✦Vega, Sukiennice 1, Mo-Sa 9-19, So 10-17 Uhr, Tel. 3443934, untere Preisklasse

Cafés

Lody La Scala, die Dependance des gleichnamigen Restaurants, ist beliebt wie kein anderes Café der Stadt: Hier gibt es hausgemachtes Eis, bei dem an Milch und Früchten nicht gespart wird; toll z.B. *lody jogurt*. Köstlich sind auch die Torten und Kuchen, die allesamt vom Konfiseur vor Ort zubereitet werden. Wer Lust auf Pikantes hat, greift zu *kanapki*, unterschiedlich gefüllte Mini-Calzoni. Alles wird auf edlem Porzellangeschirr serviert, dazu gibt es starken italienischen Kaffee.

✦ Lody La Scala, pl. Solny 10, tgl. ab 9 Uhr

Im **Café Pożegnanie z Afryką** (Jenseits von Afrika) riecht es wunderbar nach Zimt und Amaretto, Schokolade und frisch gemahlenem Kaffee. Zur Erinnerung an alte Cafés hängen an der Wand historische Fotografien aus Breslau, Krakau und Wien, nostalgisches Flair verströmen auch die antiken Kaffee-Utensilien. Auf der Karte stehen mehr als zwei Dutzend Kaffeesorten aus aller Welt, zum Essen gibt es nur einen einzigen, dafür aber sehr leckeren Kuchen. Ein idealer Ort für Nichtraucher.

✦ Pożegnanie z Afryką, ul. Igielna 16, Mo-Sa 8-22, So 10-22 Uhr

➢ Über dem Eingang des Spiz

Das **Café Pod Gryfami** (Unter den Adlern) befindet sich in einem attraktiven Barockhaus an der Westseite des Rynek. Man versinkt in kleinen bequemen Sofas oder sitzt auf der Galerie unterhalb der hohen Gewölbedecke. Die Bilder an den Wänden zeigen Alt-Breslau, die Mö-

Polnische Küche

Man kann sie auch in Breslau wieder bestellen, alte Spezialitäten wie Schlesisches Himmelreich und Schlesische Karpfen, Mohnklöße und Honigkuchen. Doch da Breslau heute polnisch ist, sollte man die Chance nutzen, einmal das Neue auszuprobieren, die einheimische Kost.

Besonders gut schmecken in Polen die **Suppen**. Sie werden phantasievoll zubereitet und sind das Highlight polnischer Kochkunst. Am berühmtesten ist *Barszcz*, eine würzige Suppe aus fermentierter Roter Beete. Sie wird mit knusprigen Fleischkroketten (*z krokotkiem)* aufgetischt, oft auch mit gefüllten Teigtaschen, den sogenannten Öhrchen (*z uszkami)*. Im Frühjahr wird sie mit grünen Rübenblättern abgeschmeckt, im Sommer serviert man sie mit Sauermilch als Kaltschale (*Chłodnik*). Alternativ bietet sich *Żurek* an, eine Suppe aus angesäuertem Roggenmehl und Sahne, oft angereichert um ein hartes Ei oder eine gekochte Wurst. Wer im Herbst nach Polen kommt, sollte sich *Zupa grzybowa* nicht entgehen lassen. Die cremige Suppe mit eingerührten, köstlichen Steinpilzen gilt bei Kennern als beste der Welt!
Obwohl es sich im strengen Sinne um keine Suppe handelt, taucht *Bigos* auf polnischen Speisekarten ebenfalls in dieser Kategorie auf. Es handelt sich hierbei um ein altpolnisches Jägergericht aus gedünstetem Sauerkraut, Speck, Zwiebeln und Pilzen. Es wird mit Lorbeer und Kümmel gewürzt, durch die Beigabe von Paprika rot eingefärbt. Je öfter man es aufwärmt, desto besser entfaltet es seinen Geschmack.

Vorspeisen gibt es vor allem in den Nobelrestaurants. Außer marinierten Steinpilzen (*Prawdziwki*) stehen vor allem Fischhappen zur Wahl. Lachs aus dem Baltikum (*Łosoś*) ist salziger und stärker geräuchert als sein norwegisches oder schottisches Pendant. Oft wird auch geräucherter Aal (*Węgorz*) aufgetischt; Karpfen in Aspik (*Karp po żydowsku*) erhält durch die Beigabe von Rosinen einen süßen Beigeschmack. Hering (*Sledź*) ist in saurer Sahne, manchmal auch in Öl oder in Gemüsesoße eingelegt.

Salate sind in traditionellen polnischen Restaurants Mangelware. Die klassische, eher bescheidene Salatbeilage *Surówka* besteht aus Sauerkraut, Roter Beete, Apfel und Möhre, allesamt kleingeraspelt. *Mizeria* sind hauchdünn geschnittene, in Joghurt eingelegte Gurkenscheiben. Wer Saures mag, bestellt *Ogórki kiszone*: pikant marinierte Gurken, abgeschmeckt mit Dill oder Birkenblatt.

Ein **Hauptgericht** ohne Fleisch gilt vielen Polen als Verstoß gegen die Eßkultur. Schweinefleisch ist am beliebtesten und kommt in vielen Va-

rianten auf den Tisch. Soßen verleihen ihm dabei die jeweils besondere Note. Lecker schmeckt Schnitzel in Jägersoße mit Honig und Rosinen (*Sos myśliwski*). Rinder stehen noch immer auf der Weide, werden nicht industriell gemästet - ein Kalb (*Cielęcina*) wird in Polen fast nur mit Milch gefüttert. Aus der Zeit, da der Adel in den Wäldern auf Jagd ging, erhielt sich die Tradition, Reh und Hirsch, Fasan und Wildschwein zu servieren. Enten- oder Hasenbraten werden süßsauer gebeizt und mit geschmorten Äpfeln gefüllt.
Auf religiöse Tradition geht der Verzehr von Fisch zurück; im katholischen Polen ißt man ihn vor allem am Freitag. Vornehme Lokale offerieren gedünsteten Aal (*Duszony węgorz*) oder gegrillten Zander (*Sandacz z rusztu*).

Als **Beilage** kommen gekochte, gebratene oder pürierte Kartoffeln auf den Tisch. Zu Fleisch werden gern Klöße (*Kluski*) oder Buchweizenknödel (*Kasza gryczana*) gereicht.

Die fleischlosen **Pierogi** erfreuen sich größter Beliebtheit. Aus ausgerolltem Weizenmehlteig werden kleine runde Plätzchen ausgestochen, darauf wird eine Füllung gelegt. Anschließend wird das Plätzchen in Form eines Halbmonds verschlossen und in heißem Wasser gar gekocht. Am häufigsten ißt man Pierogi *po ruskie* mit einer Füllung aus gebratenen Zwiebeln, weißem Käse und Kartoffeln; manchmal sind sie auch mit Sauerkraut und Pilzen anzutreffen. Wer eine süße Füllung bevorzugt, wählt Pierogi mit Blaubeeren, Pflaumen oder Erdbeeren. Zu den Pierogi läßt man sich Saure Sahne (*Śmietana*) reichen oder trinkt Kefir.

Als **Nachspeise** ist Süßes angesagt: Käse-, Mohn- und Hefekuchen oder mit Obst gefüllte Crępes. Wer Leichtes bevorzugt, wählt Kirschen-, Birnen- und Pflaumenkompott, im Frühsommer vielleicht auch eine Schale frischer Blaubeeren (*Jagody*), Himbeeren (*Maliny*) oder Wilderdbeeren (*Poziomki*) - auf Wunsch mit Schlagsahne.

Ein abschließendes Wort zu den **Getränken**: Während man in einfachen Lokalen Bier trinkt, bevorzugt man in Nobelrestaurants Wein. Kaffee rundet auch in Polen die Mahlzeit ab. Nur noch selten wird der Kaffee ›auf türkische Art‹ angeboten: nicht gefiltert, sondern mit siedendheißem Wasser übergossen. In der Regel trinkt man einen Espresso oder einen Kaffee mit Milch, der Capuccino hat meist statt einer Milch- eine Sahnehaube. Eine Spezialität ist *Kawa po staropolsku*, Kaffee auf altpolnische Art mit Brandy, Zimt und Sahne. Zur Verdauung geeignet ist Wodka, das klassenübergreifende Nationalgetränk.

bel entstammen aus der Zeit des Fin-de-Siècle: Hier, so scheint es, ist die Zeit stehengeblieben. Ein Café klassischen Stils, im Sommer mit Außenterrasse.

✦ Pod Gryfami, Rynek 2,
Mo-Sa ab 10, So ab 11 Uhr

Pod Słodką Borówką (Zur süßen Preiselbeere) an der »Naschmarktseite« des Rings bietet ausgezeichneten Kuchen, ist jedoch etwas überteuert.

✦ Pod Słodką Borówką, Rynek 45,
tgl. 10-24 Uhr

Verstaubten Charme verströmt das **Café Czwartkowa** im ersten Stock des Markthauses Dwór Polski. Man sitzt auf hellen Rokoko-Stühlen, schaut durchs Fenster auf das rege Treiben des Rynek hinab, genießt dabei leckeren Kaffee und Kuchen.

✦ Czwartkowa, Rynek 5, ab 10 Uhr

Café Kalambur wurde 1983 im Stil der Sezession eingerichtet. Fenster und Decken sind phantasievoll bemalt, Lampen und Möbel mit geschwungenen Ornamenten geschmückt. Rasch entwickelte es sich zum Treff von Künstlern und Schriftstellern, täglich gab es Darbietungen von Musik und Poesie. In der zugehörigen Galerie wurden Maler aus Ost und West ausgestellt, das Theater spielte avantgardistische Stücke. Nach der politischen Wende ist das Café auf der Suche nach

➢ *Kaffeehaus anno dazumal*

Sponsoren. Nur noch selten finden Konzerte statt, das Theater beschränkt sich auf zwei Premieren pro Jahr. Der neuen Zeit angepaßt ist die Teestube, in der man durchs Internet surfen kann (Cyber-Hibernia). Das Zentrum europäischer Kultur organisiert Ausstellungen und Vorträge zu Polens westlichen Nachbarländern.

✦ Pod Kalamburem, ul. Kuźnicza
29a, Mo-Do ab 10, Fr-Sa ab 11,
So ab 16 Uhr

Das **Café Uni**, ein Jugendstilcafé, liegt in einem ruhigen Winkel der Altstadt. Im Sommer sitzt man auf der Gartenterrasse, schaut auf den plätschernden Art-Nouveau-Brunnen und die dahinter aufragende Barockfassade der Universität. Das Café ist bei Studenten

Eßdolmetscher

Hier die wichtigsten Begriffe der polnischen Speisekarte auf einen Blick:

antrykot	Entrecôte
babka drożdżowa	Hefekuchen
barszcz czerwony	Rote-Rüben-Suppe
– z krokotkiem	- mit Fleischkrokette
– z uszkami	- mit Teigtaschen
befsztyk	Beefsteak
– tatarski	Beefsteak Tatar
bigos	Krautgulasch mit Pilzen
budyń	Pudding
bukiet z jarzyn	Gemüseplatte (gekocht)
bułka	Brötchen
chleb	Brot
chłodnik	Kaltschale aus roter Beete
chrzan	Meerrettich
ciastko	Kuchen
cielęcina	Kalbfleisch
cukier	Zucker
dania bezmięsne	fleischlose Gerichte
– jarskie	vegetarische Gerichte
– mięsne	Fleischgerichte
– rybne	Fischgerichte
desery	Nachtisch
dorsz	Dorsch
drób	Geflügel
dziczyna	Wild
dżem	Marmelade
eskalopi cielęce	Kalbsschnitzel
fasolka szparagowa	grüne Bohnen
filet z kurczaka	Hähnchenfilet
flaki	Kutteln
frytki	Pommes Frites
galaretka	Götterspeise
golonka	Eisbein
gołąbki	mit Fleisch und Reis gefüllte Krautrouladen
groszek zielony	grüne Erbsen
gruszki	Birnen
grzyby	Pilze
– marynowane	marinierte Pilze
gulasz wołowy	Rindsgulasch
herbata	Tee
– z cytryną	Tee mit Zitrone
– z mlekiem	Tee mit Milch
indyk	Truthahn
jabłka	Äpfel
jagody	Blaubeeren
jajecznica	Rührei
jajko	Ei
kaczka pieczona	gebratene Ente
– z jabłkami	- mit Äpfeln
kalafior	Blumenkohl
kapusta kiszona	Sauerkraut
– z grzybami	Kraut mit Pilzen
kapuśniak	Krautsuppe
karp w galarecie	Karpfen in Aspik
kawa	Kaffee
kawior	Kaviar
kiełbasa	Wurst
– z rożna	Grillwurst
kluski/kluseczki	Nudeln
kompot	Kompott
knedle	Knödel
kotlet szabowy	Schweineschnitzel
– mielony	Hackschnitzel
krewetki	Garnelen, Krabben
królik	Kaninchen
krupnik	Graupensuppe
kurczak	Hähnchen
kurki	Pfifferlinge
lody	Eis
łosoś	Lachs
makowiec	Mohnkuchen
makrela	Makrele
maliny	Himbeeren
masło	Butter
miód pitny	Honigwein, Met
mizeria	Gurkensalat mit saurer Sahne
mleko	Milch
– kwaśne	Sauermilch
musztarda	Senf
naleśniki	Eierkuchen
– z serem	Eierkuchen mit Quark

napoje	Getränke
– alkoholowe	alkoholische Getränke
– bezalkoholowe	alkoholfreie Getränke
– owocowe	Fruchtgetränke
okoń	Barsch
ogórki kiszone	marinierte Gurken
owoce	Früchte, Obst
parówki	Würstchen
pasztet	Pastete
pieczarki	Champignons
pieczeń	Braten
– huzarska	gefüllter Rindsbraten
– z dzika	Wildschweinbraten
– wieprzowa	Schweinebraten
pieczywo	Gebäck
pieprz	Pfeffer
pierogi	gefüllte Teigtaschen
– po ruskie	auf russische Art
– z mięsem	mit Fleisch
– z kapustą	mit Sauerkraut
piwo	Bier
placki ziemniaczane	Kartoffelpuffer
polędwica	Lendenstück
pomodory	Tomaten
potrawka	Ragout
– z kurczaka	Geflügelragout
– cielęca	Kalbsragout
poziomki	wilde Erdbeeren
pstrąg	Forelle
rosół	Brühe
rożen	Grill
rumsztyk	Rumsteak
ryba smażona	gebratener Fisch
– wędzona	geräucherter Fisch
– w galarecie	in Aspik
ryż	Reis
sałatka	grüner Salat
– jarzynowa	Gemüsesalat
– z pomidorów	Tomatensalat
sandacz	Zander
sardynka	Sardine
ser biały	Schichtkäse, Quark
– żółty	Hartkäse
sielawa	Maräne
sok	Saft
– pomarańczowy	Orangensaft
– pomidorowy	Tomatensaft
– jabłkowy	Apfelsaft
– z czarnej poreczki	Johannisbeersaft
sól	Salz
sos	Soße
stek	Steak
surówka	Rohkost, Salatbeilage
– z marchewki	Karottensalat
– z pomidorów	Tomatensalat
szarlotka	Apfelkuchen
szaszłyk	Fleischspieß
szczupak	Hecht
sznycel	Schnitzel
szparagi	Spargel
sztufada	Rindersauerbraten
śledź w oleju	Hering in Öl
śmietana	Sahne
szampan	Sekt
tort	Torte
twaróg	Quark, Schichtkäse
truskawki	Erdbeeren
warzywa	Gemüse
węgorz wędzony	geräucherter Aal
wieprzowina	Schweinefleisch
wino	Wein
– białe	Weißwein
– czerwone	Rotwein
– grzane	Glühwein
– wytrawne	trockener Wein
– słodki	süßer Wein
woda mineralna	Mineralwasser
wódka	Wodka
wołowina	Rindfleisch
zając w śmietanie	Hase in Sahne
zapiekanka	überbackenes Baguette
ziemnaki	Kartoffeln
zrazy	Fleischklößchen
zupa	Suppe
– grzybowa	Steinpilzsuppe
– jarzynowa	Gemüsesuppe
– ogórkowa	Gurkensuppe
– pomidorowa	Tomatensuppe
– szczawiowa	Sauerampfersuppe
żurek	Sauerrahmsuppe

➢ Wohin man blickt: immer wieder schöne Details

ebenso beliebt wie bei Professoren, neuerdings sieht man hier auch Geschäftsleute und Touristen.

✦ Uni, pl. Uniwersytecki 11,
tägl. ab 10 Uhr

Das **Café Więzienna** liegt im Kellergewölbe eines mittelalterlichen Backsteinkerkers. Ein schmiedeeisernes Schild weist den Weg in einen romantischen Arkadenhof mit großem schattigen Baum, von dort geht es über eine unscheinbare Treppe in das Untergeschoß hinab. Zuweilen werden Tische auch draußen aufgestellt. Die Atmosphäre ist locker, man sieht vor allem Studenten der Geisteswissenschaften.

✦ Więzienna,
ul. Więzienna 6/ul. Nożownicza,
Mo-Fr ab 13, Sa-So ab 16 Uhr

Bars und Kneipen

»Keine gemütlichen Kneipen und keine ansehnlichen Mädels soll es in Breslau geben? Du lieber Strohsack! In Hülle und Fülle! Du kannst hier von einer Kneipe in die andere stolpern, und wenn Du drin bist, willst Du nicht mehr heraus.«
(Student aus Göttingen, 1906)

Der **Highlander** mitten auf dem Marktplatz ist der herausragende Pub Breslaus. Leicht kann man hier Kontakte knüpfen: Man sitzt in aufgeschnittenen Eichenfässern oder drängt sich stehend an der Theke. Getrunken wird das eigens für den Pub gebraute Highlander-Bier, vielleicht probiert man auch eine der 70 Whis-

ky-Sorten - nirgendwo in Polen gibt es eine größere Auswahl!
✦ Highlander, Rynek-Ratusz 15, ab 11 Uhr

Klub Artystów Na Jatkach (Club der Künstler): Alle, die sich nicht zu den ›Normalen‹ zählen möchten, treffen sich in der Passage Jatki im Schatten der Elisabethkirche.
✦ Klub Artystów Na Jatkach, ul. Jatki 6, ab 12 Uhr

Kalogródek heißt die beliebteste Studentenkneipe der Stadt mit einer großen Auswahl preiswerter Biere. Im Sommer sitzt man in einem tribünenartig angelegten Hof, das Photographieren der Gäste ist nicht erwünscht. An warmen Wochenenden gibt es Livemusik.
✦ Kalogródek, ul. Kuźnicza 31, ab 10 Uhr

Die Kneipe **Pod Złotym Psem** (Zum Goldenen Hund) ist ein beliebter Treff auf dem Ring. Den Sommer genießt man drau-ßen auf der Terrasse, in der kühleren Jahreszeit zieht man sich in die rustikalen Innenräume zurück. An mehreren Abenden der Woche gibt es Live Musik von Absolventen der Breslauer Musik-

➢ Piwnica Swidnicka (Schweidnitzer Keller): *Gastronomie seit über 700 Jahren*

➢ Zum Goldenen Hund

schule. Spezialität des Hauses ist das Bier *Złoty Pies*, das nach alten deutschen Rezepten exklusiv für diese Kneipe gebraut wird.

✦ Piwnica Pod Złotym Psem, Rynek 41, ab 12 Uhr

Wer britisches Ambiente liebt, wählt den **John Bull Pub** am Salzmarkt. In dieser Kneipe sitzt man in Plüschsesseln und bestellt sein Bier an einer dunklen Holztheke. Im Sommer nimmt man auch hier auf der Außenterrasse Platz.

✦ John Bull Pub, pl. Solny 6/7, ab 11 Uhr

Guinness ist ein im irischen Stil durchgestylter Pub mit langgezogener Bartheke. Für Studenten ist er zu teuer, darum haben ihn die Breslauer Yuppies zu ihrem Treffpunkt erkoren. Häufig gibt es Konzerte mit Folk- und Bluesmusik. Das Restaurant im Obergeschoß ist gut, aber überteuert.

✦ **Guinnes**, pl. Solny 5, ab 11 Uhr

Winiarnia Koniec Wieku, die Weinstube zum Jahrhundertende, liegt in einer mittelalterlichen Backsteinbastei am östlichen Eingang zur Altstadt. In rustikalem Ambiente mit elegantem Touch trifft sich ein buntes Publikum, um edle Tropfen aus aller Welt zu kosten. Preiswert ist der spanische Hauswein De La Casa, exotisch der Wein aus China.

✦ Winiarnia Koniec Wieku, ul. Kraińskiego 14, ab 16 Uhr

Kultur und Vergnügen

Museen

Das **Nationalmuseum** wurde in einem im Stil der Neorenaissance erbauten Haus eingerichtet, das früher der Provinzverwaltung unterstand. Zu beiden Seiten der Eingangstreppe sind Bronzestandbilder postiert, die Karl August Haertl (1831-1894) geschaffen hat: rechts Albrecht Dürer, links Michelangelo. Weitere 50 Meter zur Linken ist die dem Jugendstil verpflichtete *Allegorie des Fischfangs* von Christian Behrens (1852-1905) zu sehen - wie Haertl einer der bekanntesten Breslauer Bildhauer. Im Nationalmuseum wird schlesische Kunst vom Mittelalter bis zur Neuzeit vorgestellt, darunter Werke, die einst die Kirchen der Stadt schmückten. Daneben sind Gemälde ausländischer und polnischer Künstler zu sehen, z.B. von Bacciarelli, Matejko, Wyspiański und Geppert, dazu Graphik, Skulptur und Kunsthandwerk. In der Photosammlung, die nur teilweise der Öffentlichkeit zugänglich ist, werden Meisterwerke der Pionierphotographie ausgestellt, so das 1926 entstandene Bild von Marian Dederko. Nach dem Museumsbesuch kann man sich im kleinen Café stärken, oft werden dort kleine Wechselausstellungen gezeigt.

✦ Muzeum Narodowe, plac Powstańców Warszawy, www.mnwr.art.pl, Mi, Do 9-16, Fr-So 10-16 Uhr

Das **Racławice Panorama** darf in einem speziell für dieses Bild eingerichteten Rundbau bestaunt werden. Das monumentale Gemälde ist 120x15 m groß und beschreibt den Kampf polnischer Aufständischer unter Führung des Nationalhelden Kościuszko gegen russische Soldaten im April 1794. Entstanden ist das Werk 100 Jahre später in Lwów, geschaffen haben es Jan Styka und Wojciech Kossak. Zwischen den Zuschauern auf dem Beobachterpodest und dem Gemälde wurde ein künstliches Areal eingefügt, das das Gefühl der Dreidimensionalität unterstützt. So nimmt, wer das Podest betritt,

➢ Ein frühes Meisterwerk der künstlerischen Photographie von Marian Dederko

➢ Oben: Die Schlacht beginnt

➢ Unten: Nach der Schlacht – Der russische Oberst wird abgeführt

an der Schlacht unmittelbar teil: Mit wehendem Mantel galoppiert Kościuszko auf den Betrachter zu, ihm zur Seite sensenbewaffnete Bauern. Die polnische Kavallerie metzelt die russischen Widersacher nieder, Reiter stürzen vom Pferd in den Schlamm. Bäuerinnen pflegen verwundete polnische Soldaten, Sterbende am Straßenrand erhalten den letzten Segen. Russische Gefangene werden nicht gemacht, denn, wie Kościuszko später ausplauderte: *»Der Eifer des Gefechts gab den fanatischen Soldaten keine Zeit zum Pardonieren.«* Nur die oberste Garde der Russen wurde verschont, ihr Befehlshaber Muromcew wie eine Trophäe abgeführt. Genutzt hat den Polen der Sieg bei Racławice nicht; er blieb eine Episode, hat nicht verhindern können, daß Polen als souveräner Staat von der politischen Landkarte verschwand.

✦ Panorama Racławicka, ul. Purkyniego 11, www.panoramaraclawicka.pl, Mitte April - Ende Aug. tgl. 9-17 Uhr, Sept.-Okt. Di-So 9-17 Uhr, Nov.-Mitte April Di-So 9-16 Uhr

Das **Museum bürgerlicher Kunst** wurde in alten Innenräumen des Rathauses eingerichtet. Die Geschichte der Stadt spiegelt sich in Denkmälern der schlesischen Zunftkunst, Silber- und Zinngegenständen, Portraits von Stadträten und Bürgern aus dem 17. und 18. Jahrhundert. Der Eingang zum Museum befindet sich an der Westseite des Rathauses.

✦ Muzeum Sztuki Mieszczański, Sukiennice 14-15, www.mmw.pl, Mi-Sa 11-17, So 10-18 Uhr

Das ehemalige Stadtarsenal birgt ein **Archäologisches Museum**. Das Haus stammt aus dem 15. Jahrhundert. Ursprünglich diente es als Speicher, dann wurde dort ein Zeughaus eingerichtet. Es bildete einen Teil der städtischen Befestigungsanlagen, zwei Wehrtürme sowie Hof und Brunnen haben sich erhalten. Heute werden hier archäologische Funde vor allem aus Niederschlesien ausgestellt, Kultfiguren und Keramik aus dem Neolithikum, Waffen aus der Bronzezeit, keltische und römische Münzen. Im Arsenal hat auch das Museum für Militaria seinen Sitz, das Waffen aller Epochen zeigt.

✦ Muzeum Archeologiczne/
Muzeum Militariów,
ul. Cieszyńskiego 9,
Mi-Sa 11-17, So 10-18 Uhr

Das **Historische Museum** fand seinen Platz im ehemaligen Spätgen-Palais, das im 18. Jahrhundert als königliche Residenz diente. Heute werden hier Exponate zur Geschichte Breslaus gezeigt.

✦ Muzeum Historyczne,
ul. Kazimierza Wielkiego 34,
(z. Zt. im Umbau)

Das **Museum für Architektur** wurde in einem gotischen Bernhardinerkloster aus der Zeit um 1500 eingerichtet, das mit wildem Wein bewachsen ist. Gezeigt werden alte niederschlesi-sche Denkmäler, aber auch Bildhauerei aus dem frühen Mittelalter und - als besonderer Höhepunkt - Entwürfe bahnbrechender Breslauer Architekten wie Max Berg (➣Sępolno, S. 91), Hans Poelzig (ul. Ofiar Oświęcimskich 34-40) und Erich Mendelsohn (ul. Szewska 6), die Breslau zu Beginn des 20. Jh. in ein Mekka der Moderne verwandelten.

✦ Muzeum Architektury,
ul. Bernardyńska 5,
www.ma.wroc.pl, Di-Mi 10-16 Uhr, Di 12-18, Fr-Sa 10-16, So 11-17 Uhr

Das **Museum für Medaillenkunst** befindet sich ein paar Schritte vom Markt und zeigt Münzen, Medaillen, Orden und Ehrenplaketten.

✦ Muzeum Sztuki Medalierskiej,
Rynek 6, Di-So 10-17 Uhr

Das **Diözesanmuseum** wurde im spätgotischen Domkapitel am Kathedralenplatz eingerichtet. Gezeigt werden Sammlungen sakraler Kunst, Meßgewänder, Skulpturen, Gemälde und Hand-

➣ *Glasfenster im Architekturmuseum*

werk aus dem 14.-19. Jahrhundert. Darunter befinden sich zahlreiche Werke aus den Kirchen Breslaus, so eine kostbare Sandsteinfigur Johannes des Täufers von 1170.

✦ Muzeum Archidiecezjalne, plac Katedralny 16, Di-So 9-15 Uhr

Das **Naturhistorische Museum** hat seine Räumlichkeiten in einem Jugendstilhaus im Botanischen Garten und macht den Besucher mit der niederschlesischen Flora und Fauna vertraut. Daneben gibt es eine wertvolle Kollektion von Korallentieren und Mollusken.

✦ Muzeum Przyrodnicze, ul. Sienkiewicza 20, www.muzeum-przyrodnicze.uni.wroc.pl, Di-So 10-16 Uhr

Das **Mineralienmuseum** fand seinen Platz in einem restaurierten Bürgerhaus, ausgestellt werden Edel- und Schmucksteine sowie Meteoriten. Eine Dependance befindet sich in der ul. Cybulskiego 30 (Di-Fr 10-15 Uhr).

✦ Muzeum Mineralogiczne, ul. Kuźnicza 21/22, Mo-Fr 10-15.30 Uhr

Polens einziges **Museum für Post- und Fernmeldewesen** befindet sich im ehemaligen deutschen Postscheckamt, einem Haus aus den Jahren 1926-29. Auf dem Dach sieht man einen Wald von Antennen, witzig ist der Raum mit europäischen Briefkästen aus allen Epochen. Auch Freunde der Philatelie kommen im Museum auf ihre Kosten, die Post-, Telefon- und Telegraphengeschichte wirkt etwas hausbacken.

✦ Muzeum Poczty i Telekomunikacji, ul. Krasińskiego 1, Mo, Mi-Sa 10-15, So 11-14.30 Uhr

Ein **Puppenmuseum** wurde 1996 in den Räumen des Marionettentheaters eingerichtet. Es kann jeweils eine Stunde vor Beginn einer Aufführung sowie in den Spielpausen besucht werden.

✦ Muzeum Lalek, pl. Teatralny 4

Dic **Univcrsität** ist das größtc barocke Bauwerk von Breslau (1728-42); die Fassade an der Oderseite ist über 170 Meter lang. Schönster Innenraum nicht nur des Hauses, sondern der ganzen Stadt ist die Aula Leopoldina im ersten Stock: ein harmonischer Komplex architektonischer Details mit Skulpturen und illusionistischen Gemälden. Aufgrund der hervorragenden Akustik finden hier viele Kammermusikkonzerte, daneben auch Staats- und Universitätsfeste statt.

✦ Muzeum Uniwersytetu Wrocławskiego, plac Uniwersytecki 1, Mo, Di, Do 10.30-15.30, Fr-So 11-17 Uhr

➢ Links: Albrecht Dürer vor dem Nationalmuseum

➢ *Pop-Art der Breslauer Gruppe Luksus in der BWA-Galerie*

Galerien

Viele Kunstfreunde nutzten das politische Tauwetter Ende der 1980er Jahre zur Gründung von privaten Galerien, in denen sie oppositionelle, zuweilen auch experimentierfreudige Künstler ausstellten. Doch kaum war der Rausch der ersten Vernissagen verflogen, wurde offenkundig, daß kaum jemand bereit war, den verlangten Preis für die Bilder zu zahlen. So vollzog sich alsbald eine rasante und gründliche Transformation vieler Galerien: Qualitätskriterien wurden verabschiedet, Marktkriterien eingesetzt. Heute gibt es über 40 Galerien in Breslau, doch nur wenige halten am ehemaligen Anspruch fest, Kunst nicht dem Kunsthandwerk zu opfern.

Wichtigstes Ereignis der Breslauer Kunstszene ist die alle drei Jahre zur Sommerzeit stattfindende Graphiktriennale. Zentraler Ausstellungsort ist die Galerie **Awangarda**. Sie untersteht dem Verband polnischer Künstler (BWA) und befindet sich im alten Hatzfeld-Palais. Auch außerhalb des Festivals werden hier moderne Künstler aus dem In- und Ausland vorgestellt.

✦ Awangarda, ul. Wita Stwosza 32, www.bwa-wroc.pl, Mo geschl.

Jatki, eine kleine mittelalterliche Gasse nordwestlich des Rynek, lohnt unbedingt einen Besuch. Bei **Szalona Masarnia** wird »Kunst intensiver Ausdruckskraft« vorgestellt, meist zeitgenössische Graphik, Malerei und Skulptur. Sie ist eine von mehreren Galerien der Passage, die von ZPAP, der polnischen Gesellschaft visueller Künstler, gesponsert werden.

✦ Szalona Masarnia,
ul. Stare Jatki 10,
www.galeriam.com,
Sa und So geschl.

Galeria Na Odwachu befindet sich schräg gegenüber der Oper in einem klassizistischen Wachhäuschen aus dem 18. Jahrhundert. Sie stellt vor allem Graphiker der Künstlervereinigung Pro Art aus, zuweilen auch zeitgenössische europäische Malerei sowie Installationen. Auch wichtige Breslauer Künstler wurden hier mit ihren Werken vorgestellt, so Barbara Kaczmarek, Andrzej Basaj und Sławomir Mokrzycki, die vor allem mit ihren graphischen Arbeiten Aufsehen erregten.

✦ Galeria Na Odwachu,
ul. Świdnicka 38a,
www.galeriam.com, So geschl.

Die Galerie **Fotografii** gehört der Breslauer Photogesellschaft, der größten und bestorganisierten in Polen. Dank ihres Engagements finden in der Galerie das ganze Jahr über Ausstellungen statt. Ihr langjähriger Präsident ist Zbigniew Stoklosa, bekannt als präziser Chronist des gesellschaftlichen Umbruchs in Polen. Er richtet seinen Blick auf den Alltag der Menschen, erzählt von ihren Hoffnungen und Träumen, aber auch ihrem Scheitern. Mit Schuldzuweisungen hält er sich zurück, nie sind seine Bilder reißerisch. In der Photo-Revue wurde seine Kunst als »Perfektion in Schwarz-Weiß« gepriesen: *»Stoklosas Bilder machen neugierig. Die ungekünstelte Art seiner Photographie ermöglicht einen sachlichen Einblick in das Leben eines anderen Volkes.«*

Bei **Foto-Medium-Art** werden seit knapp zwei Jahrzehnten meisterhafte Photographien ausgestellt, Presse- und Reportagebilder sowie experimentelle Aufnahmen. Die Galerie ist auch architektonisch interessant: ein moderner Glasbau, der in die Mauerfragmente eines frühgotischen Haues integriert ist. Daneben gibt es in Breslau noch zwei weitere Photo-Säle. Die Galerie der Breslauer Tageszeitung *Gazeta Dolnośląska* zeigt Pressebilder, organisiert aber auch Ausstellungen

➢ Ryszard Horowitz stellt bei Foto-Medium-Art aus

➢ Die Kirche bläst zum Gegenangriff (A. Mleczko)

avantgardistischer Kunstphotographie. Die Galerie der Photographengewerkschaft präsentiert neue Produktionen ihrer Mitglieder.

- ✦ Foto-Medium-Art, plac Nankiera 8, Mo geschl.
- ✦ Korytarz Wernisaży (Gazeta Dolnośląska), ul. Krupnicza 13, Sa und So geschl.
- ✦ Fotografii, ul. Włodkowica 31, Mo, Mi, Fr geschl.

Theater und Kino

Polnisches Theater ist von Bitterkeit und Skepsis bestimmt, reibt sich an den kulturellen Wurzeln der polnischen Nation, an dem, was dieser hoch und heilig schien. Groteske Verzerrung ist das geeignete Stilmittel, um den Ekel vor dem Zustand dieser Welt zum Ausdruck zu bringen. Die Botschaft lautet: »So wie es ist, so soll's nicht bleiben!« Die Frage, was denn an die Stelle des alten, beklagenswerten Zustandes treten soll, wird freilich nicht beantwortet. Am Zuschauer liegt es, die Unruhe, die von der Bühne ausstrahlt, zu ertragen und produktiv im eigenen Alltag umzusetzen: als Stachel, der ins Fleisch der bürgerlichen Kultur dringt und sie demaskiert.

Die Blütezeit des Theaters fiel in die 1960er Jahre, als sich Theaterkritiker aus aller Welt für das Land östlich der Oder zu begeistern wußten. In Krakau kreierte Tadeusz Kantor sein Theater des Todes, Jerzy Grotowski schuf in Breslau die Grundlagen für ein **Armes Theater**. Der Kritiker Jan Kott erinnert sich: *»Ich weiß nicht, ob die Ensemblemitglieder Mönchsgelübde ablegen mußten; jedenfalls war das Theater wie ein Kloster organisiert. Grotowski verlangte von seinen Jüngern ein Leben in Abgeschiedenheit, restlosen Gehorsam und ein körperliches Training, das bis an die Grenzen menschlicher Leistungsfähigkeit ging.«*
Nach Einführung des Kriegsrechts 1981 verließ Grotowski Polen, drei Jahre später löste sich das Laboratorium-Theater auf. Bis zu seinem Tod 1999

lebte der Regisseur in Pontedera (Toskana), wo er gemeinsam mit Thomas Richards ein Work Centre unterhielt. An seiner ehemaligen Spielstätte in Breslau wurde 1990 das Grotowski-Forschungszentrum gegründet. Hier werden alle Arbeiten archiviert, die mit dem Schaffen Grotowskis in Zusammenhang stehen. Es werden Ausstellungen und Filmzyklen, Workshops und Symposien organisiert, oft auch bekannte Theatergruppen eingeladen, die sich dem Erbe Grotowskis und seiner Idee des Armen Theaters verpflichtet fühlen. Zu Gast waren Peter Brooks, Jean-Louis Barrault und Eugenio Barba. Unvergessen ist der Auftritt von Richard Cieslak, der mit seinem Monolog aus dem Bühnenstück *Der standhafte Prinz* (nach Calderón/Słowacki) monatelang für Furore sorgte.

✦ Ośrodek Jerzego Grotowskiego, Przejście Żelaźnicze, Rynek-Ratusz 27, Tel. 3434267, www.grotcenter.ar.pl

➢ Szenenbild aus dem ›Standhaften Prinzen‹ mit Rena Mirecka und Richard Cieslak

➢ Narr im Kirchenschiff: Tomaszewskis Pantomimentheater (Tadeusz Rolke)

Eine weitere Breslauer Berühmtheit ist Henryk Tomaszewski mit seinem **Pantomimentheater**. 1956 wurde es gegründet, viele der 25 seitdem realisierten Produktionen erhielten Preise auf internationalen Festivals. Die Proberäume befinden sich in der al. Dębowa, bisherige Aufführungen fanden meist im Teatr Polski statt. Auskunft über die aktuelle Spielstätte erteilt die Touristeninformation.

✦ Wrocławski Teatr Pantomimy, al. Dębowa 16, Tel. 3372103, www.pantomima.wroc.pl

Politisch engagierte, neuerdings auch experimentelle Stücke werden im **Kalambur** aufgeführt, Różewicz und moderne Dramatiker im **Zeitgenössischen Theater** (Teatr Współczesny). Im dortigen Foyer befindet sich die Galerie Scenografów, in der Arbeiten berühmter Bühnenkünstler ausgestellt werden. Stücke von Wyspiański, aber auch ganz unpolnischen Autoren wie Shakespeare, Kleist und Broch schaut man sich im **Polnischen Theater** (Teatr Polski) an. Seit die Innenräume im postmodernen Stil erneuert wurden, erinnert nur noch wenig daran, daß an gleicher Stelle einmal das »Schauspielhaus« stand und Lessing Inspirationen für seine *Minna von Barnhelm* schöpfte. Daneben gibt es in Breslau noch zwei weitere Theater, die man besuchen könnte: zum einen die kleine **Kammerbühne** (Teatr Kameralny), zum anderen das **Marionettentheater** (Teatr Lalek) - letzteres in einem prachtvollen Palast der Jahrhundertwende mit separater Erwachsenenbühne.

✦ Kalambur: Ośrodek Teatru Otwartego, ul. Kuźnicza 29a, Tel. 3432650
✦ Teatr Współczesny, ul. Rzeżnicza 12, Tel. 3588910, www.wteatr.pl
✦ Teatr Polski, ul. Zapolskiej 3, Tel. 3160701, www.teatrpolski.wroc.pl
✦ Scena Kameralna, ul. Świdnicka 28, Tel. 3160751, www.teatrpolski.wroc.pl
✦ Teatr Lalek, pl. Teatralny 4, Tel. 3441216, www.teatrlalek.wroclaw.pl

Mehrere **Kinos** befinden sich im Zentrum der Stadt, z.B. ein hypermoderner Multikino-Palast nahe dem Rynek (ul. Kazimierza Wielkiego 31). Oft werden ausländische Filme in Originalsprache mit polnischen Untertiteln gezeigt.

✦ Warszawa, ul. Piłsudskiego 64
✦ Śląsk, ul. Piłsudskiego 67
✦ Atom, ul. Piłsudskiego 74
✦ Pałaczyk, ul. Kościuszki 34
✦ Polonia, ul. Prusa 32
✦ Oskar, pl. Muzealny 16

Musik

Musik, Theater und Tanz: Beim Festival *Wratislavia Cantans*, das seit 1966 alljährlich im Juni und September stattfindet, kommen hervorragende Künstler aus Polen und anderen Ländern nach Breslau, um an besonders schönen und stimmungsvollen Orten der Stadt Proben ihres Könnens zu geben. Am ersten Abend vielleicht ein Konzert mit Barockmusik von Gabrieli Consort & Players, danach Darbietungen vom Hilliard Ensemble, dem BBC Philharmonic Orchestra oder dem Ensemble Vocal Européen de la Chapelle Royale. Als einziges Festival Polens darf sich Wra-tislavia Cantans rühmen, in die ›Vereinigung europäischer Musikfestspiele‹ aufgenommen worden zu sein. Seit 1977 steht es unter der künstlerischen Leitung von Tadeusz Strugała, der es 1991 zu einem ›Festival der Musik und der

➢ Marek Pijarowski dirigiert die Breslauer Philharmonie

schönen Künste‹ erweitert hat, d.h. das musikalische Angebot wird ergänzt um Theater und Tanz, dazu um Ausstellungen, die sich thematisch auf das Festival beziehen. Die Aufführungsorte sind über die gesamte Breslauer Innenstadt verstreut:

- ✦ Katedra Św. Marii Magdaleny, ul. Szewska 10
- ✦ Kościół Ewangelicko-Augsburgski, ul. Kazimierza Wielkiego 29
- ✦ Kościół Najświętszej Marii Panny Na Piasku, ul. NMP 1
- ✦ Kościół Uniwersytecki, pl. Nankiera 7
- ✦ Kościół Św. Elżbiety, ul. Św. Elżbiety 1
- ✦ Cerkiew Narodzenia Przenajśw. Boga Rodzicy, ul. Św. Mikołaja 40
- ✦ Akademia Muzyczna, pl. 1 Maja 2
- ✦ Wieża Ratusza, Rynek
- ✦ Aula Leopoldina, pl. Uniwersytecki 1
- ✦ Aula Biblioteki Narodowego Zakładu im. Ossolińskich, ul. Szewska 37

Wer sich für das Festival interessiert und im voraus Karten reservieren will, wendet sich frühzeitig an den Veranstalter:

- ✦ www.wratislaviacantans.pl, Tel. 7921000

Breslaus **Philharmonie**, seit 1980 von Marek Pijarowski geleitet, braucht den Vergleich mit den Orchestern und Chören aus Warschau, Kattowitz und Krakau nicht zu scheuen. Benannt ist sie nach Witold Lutosławski, dem wichtigsten polnischen Komponisten des 20. Jahrhunderts. Daneben gibt es noch das Kammerorchester Wratislavia und den Breslauer Kammerchor Cantores Minores Wratislavienses; auf histori-

➢ Festlicher Rahmen: Liederabend im Oratorium Marianum

schen Instrumenten spielt das Ensemble Altri Stromenti.

✦ Filharmonia (Philharmonie), ul. Piłsudskiego 19, Tel. 3427001, www.filharmonia.wroclaw.pl, Konzerte Fr u. Sa

Die Breslauer **Oper** befindet sich seit den frühen 1990er Jahren in einer ›schöpferischen Krise‹, das Repertoire wurde auf unterhaltsame Klassiker begrenzt. Die **Operette** wurde im Capitol, dem einstmals größten Kino der Stadt einquartiert und zeigt bekannte Werke von J. Strauß, O. Straus, J. Offenbach und F. Lehár.

✦ Państwowa Opera (Oper), ul. Świdnicka 35, Tel. 3438641, www.opera.wroclaw.pl

✦ Teatr Muzyczny (Operette), ul. Piłsudskiego 72, Tel. 7890400, www.teatr-muzyczny.home.pl

Rock- und Popkonzerte finden in der Hala Ludowa (Jahrhunderthalle) statt, **Jazz** ist vor allem im Mai angesagt, wenn das bekannte Festival *Jazz nad Odrą* (Jazz an der Oder) Besucher aus ganz Polen und den angrenzenden Ländern anlockt.

Wie in einer Universitätsstadt zu erwarten, gibt es in Breslau etliche Diskos. Allerdings wechseln oft die Adressen: In der Freitagsbeilage *Co jest grane* (Was wird gespielt) der Tageszeitung Gazeta Wyborcza findet man im Veranstaltungskalender die aktuellen Adressen; Tipps geben auch Touristen- bzw. Kulturinformation. Beliebt ist z.B. die Riesen-Disko **Strefa Radia Kolor** am pl. Nowy Targ, in der meist die jeweils angesagten Top Forties aufgelegt werden. Ein eher alternatives Publikum trifft sich zu Rock & Reggae im Keller **Pięc Nutek** in der ul. Podwale 37 sowie im **Wagon** im früheren Bahnhof Dworzec Świebodzki südwestlich der Altstadt.

Feste und Veranstaltungen

Februar

- Beim Festival zeitgenössischer Musik (**Musica Polonica Nova**) präsentiert die Breslauer Philharmonie neue Kompositionen polnischer Musiker.

April

- Das Kulturzentrum der Universität organisiert Łykend, das Festival studentischer Liedermacher.

Mai

- Seit 1964 findet alljährlich das Festival **Jazz an der Oder** statt, zu dem berühmte Musiker aus Polen und der ganzen Welt anreisen.
- Der in Brieg geborene Orchesterleiter Kurt Masur ist Schirmherr des **Internationalen Schlesischen Musikfests** *Porozumienie* (Verständigung). Es gibt Konzerte in Breslau, Brieg und anderen Orten der Region.
- Ende des Monats sorgen Straßentheater aus ganz Polen für Farbtupfer in der Innenstadt.

Juli/August

- Alle drei Jahre (2010 etc.) kommen Künstler zur Graphiktriennale nach Breslau. Ausstellungsorte sind die Galerie Awangarda und das Architekturmuseum.

September

- **Wratislavia Cantans**, das renommierte Festival für klassische Musik, Oratorien und Kantaten, findet in historischen Räumen Breslaus und Briegs statt. Parallel dazu gibt es Kunstausstellungen und Tanzdarbietungen.

Oktober

- Die Polnisch-österreichische Gesellschaft organisiert in der zweiten Monatshälfte das **Festival der Wiener Musik** von Lanner bis Lehár und Stolz.
- Im Rahmen eines **Theaterfestivals** werden die wichtigsten polnischen Stücke der Saison aufgeführt.

November

- Mitte des Monats präsentiert das **Theaterfest der Kleinen Form** prämierte Ein-Mann-Stücke.

Dezember

- Beim Festival *Spotkania z Piosenką Żeglarską i Muzyką Folk* trifft sich die akademische Jugend zu Folkloredarbietungen und Shanties.

Einkaufen

Einkaufszeilen und Passagen sorgen für großstädtisches Ambiente. Bereits in deutscher Zeit war die Świdnicka, die vom Rynek zum Plac Kościuszki führt, die wichtigste Einkaufsstraße der Stadt. Einige historische Kaufhäuser blieben bis heute erhalten, so das Merkury (Schottländer, Nr. 5), das Podwale (Schneider, Nr. 39) und das modernistische Renoma (Nr. 40), das 1932 für Wertheim gebaut wurde. In den letzten Jahren haben sich neue Einkaufszentren etabliert, besonders auffällig ist das Solpol mit seiner exzentrischen, postmodernen Fassade, sowie das Shopping Center Galeria Dominikańska auf dem Dominikaner-Platz (pl. Dominikański).

Kleine Läden und Boutiquen findet man vor allem am Marktplatz und in den umliegenden Gassen. Als **Mitbringsel** empfehlen sich Silber- und Bernsteinschmuck, kunstvoll gestaltete Glasobjekte aus der Hütte Julia & Violetta oder Keramik aus niederschlesischen Werkstätten. Gut bestückt ist das Hauptgeschäft der Cepelia-Kette (pl. Nankiera 5), wo auch Web- und Lederarbeiten zu finden sind. In

➢ *Volkskunst in der Kielbaœnicza*

Lidl Polska Sklepy Spożywcze
Sp. z o.o. Sp.k.
Okulickiego 2
45-273 Opole
Pn-So 7:30-21 Nd 9-19
NIP 777-27-39-996

2012-08-16 nr wydr.084947

PARAGON FISKALNY

MAESTIC PILS, PIWO	X	2*2,29=	4,58 A
NAŁĘCZ. GAZ. 0,5 L	X	2*1,45=	2,90 A
KRAKERSY LAJKONIK	X	1*2,99=	2,99 A
KRAKERSY SOLONE	X	1*1,99=	1,99 A
CROISSANT MAŚLANY	I	1*1,19=	1,19 B

Sprzed. opod. PTU A	12,46
Kwota A 23,00%	2,33
Sprzed. opod. PTU B	1,19
Kwota B 08,00%	0,09
Podatek PTU	2,42

SUMA PLN 13,65

000107 #006 50 1042 nr:20385 21:01
9B1RK-RXACL-2L1XY-JWJLM-KETEF
PL BAE 09231262

Płatność	Gotówka	20,00
Reszta		6,35

LIDL
mądry wybór
Nr rej. GIOŚ: E0002661WZBW

➢ Beliebtes Weihnachtsmitbringsel

der Kiełbaśnicza 31 (westlich vom Rynek) entdeckt man einen besonders schönen Laden: Die Galerie der naiven Kunst (Galeria Sztuki Naiwnej i Ludow) ist eine der größten ihrer Art in Polen. Gezeigt werden bunt-bäuerliche Holzschnitzereien, bizarre Glas- und Ölmalerei sowie Spielzeug und Keramik; dazu gibt es wechselnde thematische Ausstellungen, z.B. zu traditioneller Weihnachtsmalerei und der Kunst des Bemalens von Ostereiern.

Ausgefallene Glasobjekte von polnischen Designern führt die BWA-Galerie Ceramiki i Szkła (ul. Kiełbaśnicza 5). Lampen und Spiegel im Stil von Tiffany, leider etwas überteuert, gibt es in einem Geschäft nebenan (Tiffany Ursta, ul. Kiełbaśnicza 7).

Liebhaber alter deutschsprachiger Bücher werden in Antiquariatsbuchhandlungen fündig; die Aufschrift *Antykwariat* sieht man vor allem in den Straßen Szewska und Kuźnicza. Neuere deutsche und englische Literatur bietet die Goldene Schule in Verbindung mit dem English Book Centre (Księgarnia we Wrocławiu, ul. Piłsudskiego 74.

Schnäppchenkäufe besonderer Art macht man auf dem Flohmarkt (Giełda Staroci / Jarmark Wrocławski), der an jedem letzten Wochenende an der ulica Gnieźnieńska ca. 2 km nordwestlich der Altstadt stattfindet. In der Hala Targowa, der großen Markthalle am Oderufer (ul. Piaskowa 15), wird werktags ein reiches Sortiment von Obst und Gemüse feilgeboten; am Plac Solny stehen bis spät in die Nacht Blumenfrauen mit ihren bunten Ständen.

Die Geschäfte sind in der Regel Mo–Sa 10–18 Uhr geöffnet, doch gibt es Lebensmittelläden im Zentrum, die rund um die Uhr und auch sonntags geöffnet bleiben.

Freizeit und Sport

Die Altstadt ist von einem grünen Ring umgeben, in dem viele Breslauer gern spazierengehen. Besonders attraktiv ist die **Promenade am Oderufer**, von der man schöne Ausblicke auf die vorgelagerten Inseln hat.
Am Stadtrand befinden sich mehrere Parks, von denen der **Scheitniger Park** (Park Szczytnicki) der älteste und größte ist. 1997 wurde hier ein **Japanischer Garten** mit fernöstlichen Pavillons und Brücken eingerichtet. Angrenzend der traditionsreiche **Zoologische Garten**.

✦ Zoologischer Garten, ul. Wróblewskiego 1, www.zoo.wroclaw.pl, tgl. 9–18 Uhr (Sommer), 9–16 Uhr (Winter)

Beliebt ist auch der **Botanische Garten** auf der Dominsel (Tumski Ostrów). Er wurde auf dem im 19. Jahrhundert zugeschütteten Oderarm angelegt, nur ein langgestreckter Teich erinnert noch an das ehemalige Gewässer. *Panorama der Natur* heißt die große Ausstellung, die die Entwicklung der Flora und Fauna illustriert; das kurioseste Exponat ist das Ei eines Dinosauriers, das in China gefunden wurde. Wasserpflanzen aus aller Welt wachsen in großen Aquarien; in Treibhäusern gedeihen Palmen, Kakteen und Orchideen, auch fleischfressende Pflanzen wie z.B. die Venusfliegenfalle. Im angrenzenden Naturwissenschaftlichen Museum werden u.a. Korallen und Muscheln, ausgestopfte Tiere und Skelette ausgestellt.

✦ Botanischer Garten, ul. Sienkiewicza 23, tgl. 8–18 Uhr

Bootsfahrten starten zu jeder vollen Stunde ab der Anlegestelle Przystań Kaczuszka. Sie dauern 45 Minuten und führen an Sand- und Dominsel vorbei die Oder entlang (www.statki pasazerskie.com, tägl. 10–16 Uhr).
Wer gerne schwimmen möchte, hat die Wahl zwischen einem Frei und cincm Hallcnbad:

✦ Freibad WOS ŚL. OW, ul. Racławicka 62

✦ Hallenbad Miejskie Zakład Kapielowe, ul. Teatralna

➢ Romantisch: Bootsfahrt mit Blick auf die Johanniskathedrale

3420051

Breslauer Portraits

Heinrich Albertz

Wer war dieser Mann? Aufgewachsen in Breslau, erlebte er im Alter von 18 Jahren die Machtübernahme durch die Nazis. In den Folgejahren studierte er evangelische Theologie, ab 1939 wirkte er als Pfarrer der Bekennenden Kirche in Breslau. Mehrfach geriet er mit den Machthabern in Konflikt und wurde inhaftiert. Nach dem Krieg widmete er sich ganz der Politik und wurde 1966 Nachfolger von Willy Brandt als Regierender Bürgermeister von Berlin.
Die Studentenbewegung bereitete seiner politischen Karriere ein rasches Ende. Heinrich Albertz übernahm die politische Verantwortung für jenen Polizeieinsatz, bei dem der Student

Benno Ohnesorg zu Tode gekommen war und trat im September 1967 vom Bürgermeisteramt zurück. Fortan war er nicht weniger aktiv – nun aber nicht mehr als konservativer Studentenschreck, sondern als einer, der sich für unbequeme Minderheiten einsetzte und sich mit Wort und Tat in der Friedensbewegung engagierte. 1983 nahm er an der ›Prominenten-Blockade‹ des amerikanischen Atomwaffendepots Mutlangen teil und überwarf sich mit vielen seiner Parteikollegen.
Als das ZDF 1984 einen Film über Breslau drehte, war es Heinrich Albertz, der den Film über seine alte Heimatstadt kommentierte. Er *»ließ die Narben wieder schmerzen«* und hielt ein eindringliches Plädoyer für Verständigung – 1993 starb er 78jährig in Bremen.

✦ Heinrich Albertz. Breslau – Wrocław. Freiburg 1989.
✦ Jacques Schuster. Heinrich Albertz: Der Mann, der mehrere Leben lebte. Berlin 1997.

Angelus Silesius

Der geistliche Dichter Angelus Silesius wurde in Breslau geboren, sein wirklicher Name war Johannes Scheffler (1624–1677). Der Vater hatte wegen seines

protestantischen Glaubens Polen verlassen müssen – der Sohn zog es vor, in Mystikerkreisen zu verkehren, und konvertierte 1653 öffentlich zum Katholizismus. 1661 trat er in den Franziskanerorden ein und wurde zum Priester geweiht. Als fanatischer Anwalt der Gegenreformation verfaßte er zahlreiche Pamphlete gegen den Protestantismus und wirkte mehrere Jahre als Rat und Hofmarschall des Breslauer Bischofs. 1677 ist er in Breslau an Tuberkulose gestorben.
Als sein Hauptwerk gilt der *Cherubinische Wandersmann* (1674). Fünf der sechs zugehörigen Bücher waren bereits 1657 unter dem Titel *Geistreiche Sinn- und Schlussreime* erschienen: eine Fülle von Erkenntnissplittern zum Verhältnis des Menschen zu Gott und Ewigkeit. »Ruhe« ersehnte sich der Dichter, die er in mystischer Versenkung zu finden hoffte. Die Voraussetzung für die »Gottwerdung des Menschen« sah er in der Aufgabe des menschlichen Wollens.

Mensch, werde wesentlich:
Denn wann die Welt vergeht,
So fällt der Zufall weg,
Das Wesen aber das besteht.
(Zufall und Wesen)

Die in Alexandrinerform verfaßten Sinnsprüche von der Nichtigkeit allen weltlichen Seins fanden große Verbreitung. Der polnische Nationaldichter Adam Mickiewicz war von der Lyrik des Konvertiten so angetan, daß er sie ins Polnische übersetzte.

Joseph von Eichendorff

Deutschlands berühmtester Spätromantiker (1788–1857) war noch keine zwanzig Jahre alt, als seine ersten lyrischen Versuche entstanden. Im Gedicht *Rettung* springt der Held aus dem Kerker, in dem er von einem Mann *»mit hohlen Augen«* gefangen gehalten ward, *»in den farbigen Morgen«* hinaus. In dem später entstandenen Gedicht *Abschied*, begegnen wir dem Fluchtmotiv in abgewandelter Form:

O Täler weit, o Höhen,
o schöner, grüner Wald,
Du meiner Lust und Wehen
andächtiger Aufenthalt!

Da draußen, stets betrogen,
saust die geschäftige Welt,
schlag noch einmal den Bogen
um mich, du grünes Zelt!

Der konservative Dichter ist von Sehnsucht erfüllt – Sehnsucht nach unberührter Natur. Er will heraus aus engen Lebensformen und bleibt ihnen doch zeitlebens verhaftet...
Viele seiner teils wehmütigen, teils aber auch heiteren Gedichte sind vertont worden, z.B. von Mendelssohn-Bartholdy, Schubert und Schumann. Einige wurden so populär, daß sie in Volksliedsammlungen aufgenommen wurden (*Wem Gott will rechte Gunst erweisen*, *In einem kühlen*

Grunde u.a.). Daneben schrieb er auch mehrere wichtige Prosawerke, darunter die Erzählungen *Das Marmorbild* (1819) und *Aus dem Leben eines Taugenichts* (1826).
Joseph von Eichendorff entstammte einem reichen schlesischen Adelsgeschlecht. Er wurde 1788 auf Schloß Lubowitz bei Ratibor geboren und besuchte von 1803 bis 1805 das Breslauer Matthias-Gymnasium. Danach hat er Jura und Philosophie in Halle und Heidelberg studiert, in der Stadt am Neckar sammelte er polnische Volkssagen und übersetzte sie ins Deutsche. Als 28jähriger kehrte er in die schlesische Hauptstadt zurück, diesmal als Verwaltungsjurist im preußischen Staatsdienst. Doch lange blieb er auch diesmal nicht, bereits 1819 wurde er nach Berlin, dann nach Danzig und Königsberg versetzt. Ab 1855 lebte er in Neisse (Nysa), wo er zwei Jahre später starb.
Nach der ›Wende‹ wurde in seinem Geburtsort, 120 km südöstlich von Breslau, ein Eichendorff-Museum eingerichtet. Da das im Krieg zerstörte Schloss bisher nicht restauriert wurde, fand das Museum seine vorläufige Heimstatt im benachbarten Gasthaus (Zajazd Eichendorff, Łubowice, Tel. 032/4106602). Dort finden Lesungen und Konzerte statt; die Schlossruine dient als Kulisse für Theateraufführungen.

Norbert Elias

How strange these people are
How strange I am
How strange we are.

Worte eines »Reisenden«, wie er sich selbst bezeichnete: eines Mannes, der von den Wirren eines Jahrhunderts gezeichnet war. Geboren wurde er am 22. Juni 1897 am Stadtgraben in Breslau. Er war einziges Kind einer jüdischen, gutsituierten Kaufmannsfamilie. Deutsche und jüdische Tradition prägten ihn gleichermaßen, als Jude blieb er freilich stets ein Fremder im eigenen Land. *»Es wurde nicht viel über Antisemitismus geredet, aber man war sich seiner bewußt.«* Da gab es in seiner Kindheit einige unverfrorene Knaben, die »Judenjunge« hinter ihm herriefen, und es gab, so erinnert er sich, befremdliche Erlebnisse in der Schule. Kurz vor dem Abitur wurde darüber gesprochen, was man werden wolle. Als Norbert Elias den Wunsch äußerte, Professor an der Universität zu werden, warf ein Klassenkamerad ein: *»Die Laufbahn ist dir bei der Geburt abgeschnitten worden.«* Es gab großes Gelächter, beim Lehrer und natürlich bei den Mitschülern…
Im Alter von 18 Jahren zog er – wie alle seine Klassenkameraden – in den vaterländischen Krieg. Anschließend studierte er in Breslau Philosophie und promovierte über Kant. Doch es drängte ihn hinaus aus der schle-

sischen Hauptstadt, sie war, wie er rückblickend sagt, »zu bürgerlich«. 1925 ging er nach Heidelberg, wo er den Soziologen Karl Mannheim kennenlernte. Fünf Jahre später war er dessen Assistent an der Universität von Frankfurt und begann mit den Vorbereitungen zu seiner Habilitation. Als die Nationalsozialisten an die Macht kamen, zog er es vor, nicht länger in Deutschland zu bleiben. Im Londoner Exil – genauer: im Lesesaal der British Library – entstand das bedeutende Buch *Über den Prozeß der Zivilisation.* Die mögliche Universitätskarriere blieb ihm jedoch verwehrt. Als sich deutsche Truppen der französischen Kanalküste näherten und eine Invasion Englands nicht mehr auszuschließen war, wurden alle deutschen Männer im kriegsdienstfähigen Alter auf der Isle of Man interniert. Dazu Elias: *»Die Deutschen hatten uns herausgeworfen, und die Engländer sperrten uns ein. Man fühlte ein wenig, daß die Großen ihre Kriege auf dem Rücken der kleinen Leute ausfechten.«* – Erst ab 1965, dem Jahr, da er eine Gastprofessur in Münster übernahm, wurde man in Soziologenzirkeln auf ihn aufmerksam. Wirklich bekannt wurde er aber erst 1976, als die Taschenbuchausgabe seiner Studie *Über den Prozeß der Zivilisation* bei Suhrkamp veröffentlicht wurde. Schon ein Jahr später erhielt er den begehrten Adorno-Preis der Stadt Frankfurt.

In Deutschland wurden vor allem jene Passagen eifrig studiert, in denen sich Elias mit den Verlusten der Kindheit und den Kontrollmechanismen der bürgerlichen Gesellschaft befaßte. Etwa mit der kindlichen Begierde, alles was fremd ist zu berühren, zu ertasten und zu beschnuppern – und dem allmählichen, scheinbar natürlichen Verschwinden dieses Wunsches. Was war da unterwegs geschehen, warum hatte sich die kindliche Lust nicht frei entfalten dürfen? Warum war von ihr (außerhalb der abgetrennten Intimsphäre, versteht sich) nichts geblieben als der formalisierte Händedruck, eine unverbindliche, flüchtige Umarmung? Menschliche Sensibilität scheint reduziert aufs Sehen und Hören, man *»mißt sich mit Blicken«* und *»flüchtet in Distanz«*. Und doch bleiben die einander Gleich-Gültigen untrennbar aufeinander bezogen – das kapitalistische Marktgesetz macht's möglich. Solche Einsichten enthüllt der Sozialwissenschaftler Elias spielerisch-brillant, nie eingezwängt ins berüchtigte Soziologendeutsch.

Er hat auch herrliche Bücher über die Deutschen, über die Aggression und das Altwerden verfaßt. Kurz vor seinem Tod hat man ihn sogar als Poeten kennenlernen dürfen. *Los der Menschen* nannte sich der Gedichtband, der vom Leben und Sterben sprach, ohne sich im Endzeitlamento zu verfangen:

Grundloses Spiel
man läßt sich fallen
und man fängt sich auf.

Im *Lehrgedicht* heißt es lakonisch: »*Erfinden und erfragen, das hat uns frei gemacht.*« Im Hier und Jetzt ist das Glück zu suchen, nicht im eingebildeten Jenseits: »*There is nothing at the end nothing is coming*« - ein fast beckettianisch anmutender Satz, geschrieben im Londoner Exil. Am 1. August 1990 ist Elias in Amsterdam gestorben.

✦ Norbert Elias: Über sich selbst. Frankfurt/M. 1996

Eugeniusz Geppert

Der in Lemberg geborene Maler Eugeniusz Geppert (1890-1979) hat in Krakau und Paris studiert, gehörte nach dem Zweiten Weltkrieg mit zu jenen, die von Lemberg nach Breslau »verpflanzt« wurden. Von 1946 bis zu seinem Tod lebte er auf dem Salzmarkt, war Begründer und Direktor der Breslauer Kunstakademie, die wichtigste Persönlichkeit des offiziellen Kulturbetriebs. Viele seiner Bilder befinden sich heute im Nationalmuseum: vorwiegend Stilleben und Portraits. In der Spätphase fühlte sich Geppert dem Postimpressionismus verpflichtet und schuf bedeutende Landschaftsbilder. Mit seiner Paris Studie, die gleichfalls im Nationalmuseum hängt, hat der Künstler schon oft für Verwirrung gesorgt. Nicht wenige Besucher verwechselten Oder und Seine, glaubten in *Paris* die Stadt Breslau zu erkennen.

Andreas Gryphius

Der Lyriker Andreas Greif, der seinen Namen zu Gryphius latinisiert hat, wurde 1616 als Sohn eines Pfarrers im schlesischen Glogau geboren. Seine Eltern verlor er schon früh - sie starben an Pest. Beschönigungen waren dem Dichter fremd, düsteres Pathos kennzeichnet seine Verse. »Was sind wir Menschen doch?« fragte er und hielt die Antwort schonungslos bereit: »*ein Wohnhaus grimmer Schmerzen, ein Ball des falschen Glücks, ein Irrlicht dieser Zeit*« (aus: *Menschliches Elend*). Der junge Gryphius zweifelte am Sinn des Lebens, alles Irdische schien ihm endlich und eitel. Wohl keiner hat die Schrecken des 30jährigen Krieges so eindringlich beschrie-

➢ Eugeniusz Geppert: Paris oder Breslau? (Nationalmuseum)

➢ Theaterplakat zu Hauptmanns »Die Weber«

ben wie er in seinem Sonett *Tränen des Vaterlandes anno 1636.* Ein Jahr später wurde er zum Dichter gekrönt, in der Folgezeit unternahm er ausgedehnte Reisen nach Holland, Frankreich und Italien. 1647 kam er nach Schlesien zurück und wurde 1650 Syndikus in Glogau. Zu dieser Zeit entstanden auch seine ersten Dramen, z.B. *Carolus Stuardus*: eine Abrechnung mit der bürgerlichen Revolution Cromwells und zugleich ein flammendes Plädoyer für den König der Stuartdynastie, den er zum christlichen Märtyrer hochstilisierte. Weltlicheren Geist atmen seine volkstümlichen, mit dem Mittel der Satire operierenden Lustspiele. Mit ihnen wollte er die Zuschauer nicht mehr belehren, sondern unterhalten. Der Dichter starb 48jährig in Glogau.

Die Künstlergilde Esslingen vergibt alljährlich den Andreas-Gryphius-Preis. Einer der Preisträger war Karl Dedecius, langjähriger Leiter des Polen-Instituts in Darmstadt - mehr als 100 Werke polnischer Autoren hat er ins Deutsche übersetzt.

Gerhart Hauptmann

Der Dichter Gerhart Hauptmann (1862-1946) wurde als viertes Kind eines Hotelbesitzers im schlesischen Bad Salzbrunn (Szczawno-Zdrój) geboren. In dem Geburtshaus, einem schloßähnlichen Gebäude mit Türmchen und großem Park, ist heute ein Sanatorium untergebracht.

Ab 1874 besuchte Gerhart zusammen mit seinem Bruder Carl die Städtische Realschule am Breslauer Zwinger, mußte sie aber vier Jahre später verlassen, weil seine Eltern den Aufenthalt nicht mehr bezahlen konnten. Geliebt hatte er die Schule ohnehin nicht - stets hatte er sich dort *»wie ein Sträfling«* gefühlt. Nach einem gut einjährigen Intermezzo auf dem Landgut seines Onkels, wo er sich erfolglos als Bauer versuchte, ging er nach Breslau zurück und besuchte die Bildhauerklasse der Königlichen Kunstschule. 1882 kehrte er Breslau den Rücken, studierte zwei Semester in Jena, reiste nach Rom und Berlin. Nach seiner Heirat 1885 hatte er keine Geldprobleme mehr und entdeckte seine Berufung als Dichter und Dramatiker. Dabei kam ihm gewiß zugute, daß er in dem gleichfalls in Breslau gebürtigen Theaterkritiker Alfred Kerr (1867-1948) einen entschiedenen Fürsprecher fand. Bereits das Stück *Vor Sonnenaufgang* (1889) wurde in ganz Deutschland ein großer Erfolg. Drei Jahre später schrieb er das naturalistische Stück *Die Weber*, in dem er die Erfahrungen des Aufstands von 1844 verarbeitete. Wie man hört, mißfiel Kaiser Wilhelm II. das Drama so sehr, daß er seine Loge im Deutschen Theater kündigte und dem Autor die Aushändigung des Schillerpreises verweigerte. Das freilich brauchte Hauptmann nicht zu bekümmern; 1905 erhielt er die Ehrendoktorwürde der Universität Oxford und 1912 gar den Nobelpreis für Literatur. Ein Jahr später wurde in Breslau sein *Festspiel* uraufgeführt, 1922 feierte man ihn in der Jahrhunderthalle mit einer 14 Dramen umfassenden Werkschau. Es gibt auch Texte in Hauptmanns Schaffen, die auf die Oderstadt direkt bezogen sind. Dazu gehören die Kriminalgeschichte *Phantom* und das Künstlerdrama *Kollege Crampton*, in dem einem Breslauer Dienstmann ein literarisches Denkmal gesetzt worden ist.

Stets war der Dichter am Schicksal einfacher, leidender Menschen interessiert. Man mag ihm freilich vorwerfen, daß er zu sehr auf das Mitleid der Zuschauer gesetzt hat und es ihm nicht gelungen ist, die gesellschaftlichen Triebkräfte zu bestimmen, die das Leiden der Menschen bewirken. Zu Beginn des Ersten Weltkrieges ist er auf die deutsche Kriegspropaganda hereingefallen, und auch nach 1933 brauchte er lange, um sich vom Nationalsozialismus zu distanzieren. Später zog sich Hauptmann immer häufiger ins Haus Wiesenstein in Agnetendorf (Jagniątków) zurück, wo er 1946 starb. Heute birgt seine »Traumvilla« mit Riesengebirgsblick ein interessantes Hauptmann-Museum; angeschlossen ist eine deutsch-polnische Begegnungsstätte (s. S. 149).

Alfred Kerr

»Der kleine Chronist, der unter dem Strich spazierenhüpft«: So bezeichnete sich Alfred Kerr (1867 – 1948), der mit seinen Theaterkritiken Gerhart Hauptmann berühmt machte und mit seiner Sonntagskolumne in der *Breslauer Zeitung* Aufsehen erregte. Die ›Briefe aus der Reichshauptstadt‹ befanden sich stets unten auf der Seite, waren durch einen Längsstrich vom Nachrichtenteil abgetrennt. Hier bannte Kerr Momentaufnahmen aus dem wilhelminischen Berlin aufs Papier, hielt mit spitzer Feder fest, wie eine Provinzstadt zur Metropole des jungen Deutschen Reiches aufpoliert wurde. Fünf Jahre lang (1895–1900) blieb der gebürtige Breslauer der Zeitung treu, schrieb auch für das *Jüdische Gemeindeblatt* und für den *Tag*. Als die Nationalsozialisten die Macht übernahmen, emigrierte er, 1948, im Jahr seiner Rückkehr, starb er in Hamburg.

✦ Alfred Kerr: Wo liegt Berlin? Briefe aus der Reichshauptstadt 1895–1900. Hg. von Günther Rühle, Berlin 1997

Ferdinand Lassalle

Ferdinand Lassalle (1825-1864) wurde als Sohn eines jüdischen Kaufmanns am Roßmarkt 6, dem heutigen Platz der Ghettohelden geboren. Sein Abitur legte er auf dem Matthias-Gymnasium ab, studierte ab 1843 Philosophie erst in Breslau, später in Berlin. Stark geprägt wurde er von der Aufbruchsstimmung im sogenannten Völkerfrühling 1848/49. Er war Mitarbeiter von Marx und Engels, ein mitreißender Redner, doch kein besonders konsequenter Denker. Am 23. Mai 1863 wurde er in Leipzig Gründungspräsident der ersten deutschen Arbeiterpartei, des ›Allgemeinen Deutschen Arbeitervereins‹. Nur ein Jahr später war seine politische Karriere beendet: Lassalle starb in einem Pistolenduell im Wäldchen von Carrouge - Grund für den Kampf war ein Liebesdrama. Auf dem jüdischen Friedhof der Stadt liegt er begraben, die Inschrift auf dem Grab wurde 1947 von Vertretern der Polnischen Sozialistischen Arbeiterpartei angebracht. In einem Lied erinnert man sich seiner:

Zu Breslau ein Friedhof,
Ein Todter im Grab,
Dort schlummert der Eine,
Der Schwerter uns gab.

Rosa Luxemburg

»Freiheit ist immer nur Freiheit des anders Denkenden«: Prominenteste Gefangene des Breslauer Gefängnisses in der Kletschkaustraße (ul. Kleczkowska) war Rosa Luxemburg, die hier ab 1917 eine einjährige Haftstrafe absaß. Sie war zu diesem Zeitpunkt 46 Jahre alt, ein Kind jüdisch-polnischer Eltern, eigentlich, wie sie einmal an Luise Kautsky schrieb, *»zum Gänsehüten geboren«*. Doch der Gerechtigkeitswille hatte sie in die Politik verschlagen, in der Sozialdemokratie sah sie die Partei, der es gelingen könnte, soziale Ideale zu verwirklichen und sich dem drohenden imperialistischen Krieg entgegenzustellen. Doch als 1914 im Reichstag abgestimmt wurde, gab es keine ›Vaterlandsverräter‹: Die Sozialdemokraten stimmten mit ein ins patriotische Hurrageschrei und schreckten nicht davor zurück, die Kriegskredite zu bewilligen. Rosa Luxemburg trug die Sehnsucht nach Harmonie in sich und konnte doch nicht schweigen angesichts des sozialen und psychischen Elends, das die kapitalistische Ordnung mit sich bringt. Sie kritisierte das Kompromißlertum der SPD, aber auch den bolschewistischen Zentralismus und *»Nachtwächtergeist«*, in dem sie nicht das geeignete Mittel sah, das Leben der Menschen auf Freiheit auszurichten. Als sie im November 1918 aus dem Ge-

fängnis entlassen wurde, war sie von der Vorahnung gequält, die soziale Revolution in Deutschland sei zum Scheitern verurteilt. Wenige Wochen später, am 15. Januar 1919, wurde sie gemeinsam mit Karl Liebknecht von Freikorps-Offizieren ermordet.

Martin Opitz

Herder schrieb über Martin Opitz: *»Man hat diesem Mann die lyrischen Talente absprechen wollen – ich wüßte nicht, wer unsrer Dichter mehr Wort- und Versklang hätte als er.«* Der Barockdichter wurde 1597 in Bunzlau (Bolesławiec) geboren und ging in Breslau zur Schule. Er war erst 28 Jahre alt, als ihn Kaiser Ferdinand II. in Wien zum *poeta laureatus* erhob. Besondere Verdienste erwarb er sich als Theoretiker. Im *Buch von der Deutschen Poeterey* (1624) legte er dar, daß das Deutsche sehr wohl als Literatursprache taugte, es sich deshalb lohne, sich für eine eigenständige nationale Dichtung einzusetzen. Opitz übertrug die Ergebnisse bereits verfaßter Renaissance-Poetiken auf die deutsche Dichtkunst und machte seine Leser mit Oden, Sonetten und Epigrammen vertraut. Er schuf, um Vorbilder für gutes Dichten zu liefern, Übersetzungen aus dem Niederländischen, Französischen und Italienischen. Aus dem Griechischen übertrug er die *Antigone* von Sophokles, aus dem Lateinischen die *Trojanerinnen* von Seneca. Seine diplomatische Karriere begann 1626 als Sekretär und Leiter der Kanzlei des kaiserlichen Kammerpräsidenten Burggraf von Dohna in Breslau, 1633 trat er in die Dienste der schlesischen Herzöge von Liegnitz und Brieg. Nach seiner Übersiedlung nach Danzig 1635 wurde er Hofgeschichtsschreiber von König Władysław IV. und sammelte Materialien für eine zu erstellende Geschichte Polens. Opitz starb 1639 in Danzig an der Pest.

Tadeusz Różewicz

Keine Anthologie polnischer Literatur, aus der Różewicz wegzudenken ist. Ab 1968 lebte der Autor, der außer Gedichten auch Prosa und Dramen verfaßt hat, in einem hellhörigen Wohnblock in Breslau. Mehrere seiner Stücke sind von dieser Stadt inspiriert und wurden hier auch uraufgeführt. Vor allem dem Übersetzerfleiß von Karl Dedecius ist es zu danken, daß sein Werk auch in Deutschland viele Bewunderer fand und man ihn als *polnischen Celan* ehrte. Im Jahr 1994 erhielt er den erstmals in Breslau verliehenen schlesischen Kulturpreis.

Różewicz wurde am 9. Oktober 1921 in Radomsko, einem kleinen Ort zwischen Lodz (Łódź) und Tschenstochau (Częstochowa), geboren. Im Krieg bekämpfte er die Deutschen als Partisan in der Heimatarmee, sein älterer Bruder wurde von den Nationalsozialisten erschossen. Nach 1945 bemühte er sich, als Schriftsteller die erlebten Greuel zu verstehen und verstehbar zu machen. Er war ein »Davongekommener«, ein Bewohner des, wie er es nannte, »größten Friedhofs in der Geschichte der Menschheit«. Doch welche Lyrik war nach Auschwitz noch möglich? Gewiß keine, die sich darin gefiel, nach solchen Werten wie *»Originalität«* und *»Einmaligkeit«* zu jagen, kein *»Kinderspielzeug«* und kein *»avantgardistisches Kalb mit 2 Köpfen«*. Różewicz war von tiefem Mißtrauen gegenüber dem Wort erfüllt. Deshalb sind seine Gedichte knapp und schmucklos, ohne Metapher und frei von Pathos.

Neben Herbert und Szymborska zählt er zu den drei großen polnischen Lyrikern des 20. Jahrhunderts. Richteten sich seine Werke anfangs gegen den Krieg, so wandte sich sein Augenmerk

später auf den Verfall humanistischer Werte in der Konsum- und Unterhaltungsgesellschaft. Der heutige Mensch, so klagt Różewicz, ist zum *»Nichts«* geworden, hilflos ausgesetzt dem *»Nichts aus den Straßen und Mündern / von den Kanzeln und Türmen / dem Nichts aus den Lautsprechern.«*

Diese mauer
die wir gemeinsam bauten
tag für tag
wort für wort
bis zum schweigen
diese mauer
schlagen wir nicht ein

eingemauert
mit eigenen händen
verdursten wir
wir hören wie nebenan
das andere sich bewegt
hören seufzer
rufen um hilfe
sogar unsere tränen
fliehen nach innen

(Die Mauer)

Den Politgefechten der 1980er Jahre hielt er sich fern. Er nahm nicht offen Stellung für die Solidarność, unterschrieb aber auch keine Loyalitätserklärung für die Regierung: Ein Parteidichter wollte er nicht sein – egal auf welcher Seite.

✦ Tadeusz Różewicz:
Letztendlich ist die verständliche Lyrik unverständlich: Späte und frühe Gedichte.
Aus dem Polnischen übertragen von Karl Dedecius, München 1996

Edith Stein

»Spuren eines ungewöhnlichen Lebens, das in seiner ersten Hälfte steil und selbstsicher nach oben strebt, keine wirklichen Widerstände kennt; das sich in der zweiten Hälfte nach unten und innen neigt, sich seit 1933 immer mehr ins Unauffällige zurückzieht und schließlich in einem Grauen verschwindet.« (Hanna-Barbara Gerl)

Edith Stein wurde 1891 in Breslau geboren, wuchs in einer kinderreichen jüdischen Familie auf. An der höheren Töchterschule St. Maria Magdalena fiel sie durch markige Sprüche zum Atheismus und zur Frauenemanzipation auf, nach dem Abitur nahm sie an der Friedrich-Wilhelm-Universität das Studium der Philosophie auf. 1910 zog sie in ein Haus auf der Dominsel (ul. Nowowiejska 38), wo sie - von einigen Unterbrechungen abgesehen - die nächsten 23 Jahre verbrachte. In drei Sprachen, Deutsch, Polnisch und Hebräisch, erinnert eine dort angebrachte Gedenktafel an ihre Breslauer Lebensjahre. Doch zunächst schrieb sie ihre Dissertation beim Göttinger Starphilosophen Edmund Husserl und rückte zu seiner Assistentin auf. Vergeblich bemühte sie sich um eine Habilitationsstelle: Frauen war der Aufstieg in die höheren Ränge der Universität prinzipiell verwehrt. Die Erfahrung, trotz größter Anstrengung zurückgewiesen zu werden, wies Edith Stein den Weg in die Innerlichkeit. Sie versenkte sich in mittelalterlich-mystische Schriften, ließ sich 1922 sogar taufen. Dies führte zwar zur Entfremdung von der Familie, andererseits trug es ihr eine Stelle an der katholischen Mädchenschule ein. Sie war jetzt finanziell abgesichert und konnte sich endlich nach außen wenden. Durch Vorträge über Frauenrecht und Religionsphilosophie wurde sie bekannt, erhielt 1932 eine Dozentenstelle am Deutschen Institut für wissenschaftliche Pädagogik in Münster. Doch schon ein Jahr später wurde ihr Aufstieg jäh gebremst. Aufgrund ihrer ›nichtarischen‹ Herkunft wurde Edith Stein aus dem öffentlichen Dienst entfernt, als Nonne fand sie Unterschlupf im Kölner Karmeliterorden. 1938 war sie dort ihres Lebens nicht mehr sicher und floh ins holländische Echt. Aber auch dort gab es für sie kein sicheres Versteck. Kurz nachdem die holländischen Bischöfe wegen einer Kritik an der Judenverfolgung in Ungnade gefallen waren, wurde Edith Stein von der Gestapo abgeholt. Im August 1942 wurde sie nach Auschwitz deportiert und ermordet. 56 Jahre nach ihrem Tod, am 11. Oktober 1998, wurde sie von Papst Johannes Paul II. heiliggesprochen.

✦ Hanna-Barbara Gerl: »Edith Stein (1891-1942): Eros der Erkenntnis, Eros des Glaubens« in: Frauen in den Kulturwissenschaften, Hg. Barbara Hahn, München 1994, S. 235-249

Ausflüge

Ausflüge in die Umgebung

Vom Hauptbahnhof starten Züge zu den Ausflugszielen Brzeg, Jelenia Góra, Karpacz, Kłodzko, Legnica, Opole und Sobótka. Dem Verkehr in Richtung Ostrów Wielkopolski, Oleśnica und Kluczbork dient der Bahnhof Wrocław Nadodrze. Dieser befindet sich am Plac Powstańców Wielkopolskich nordöstlich der Innenstadt, wo auch einige Expreßzüge, die nach Warschau und Łódź fahren, halten.
Vom Busbahnhof an der ul. Sucha starten Busse zu allen wichtigen Orten der Umgebung, so auch nach Lubiąż und Trzebnica, zwei Orten, zu denen keine Anreise mit dem Zug möglich ist.

Brzeg (Brieg)

43 km südlich von Breslau liegt das mittelalterliche, von weiten Parkanlagen umschlossene Brzeg. Sein Name bedeutet *Ufer* und verweist auf die Lage des Orts an der Oderböschung. Der Zeit, da die Stadt Sitz eines unabhängigen Herzogtums war (1311–1675), verdankt sie ihre schönsten Baudenkmäler. So betritt man das Piastenschloß aus der Renaissance durch ein phantastisch geschmücktes Portal: Jeder Zentimeter ist kunstvoll durchgestaltet, aus hellem Sandstein wurden Herrscherportraits und Pflanzenornamente gemeißelt. Hinter dem Portal öffnet sich ein weitläufiger Hof, der von eleganten dreistöckigen Arkadengängen gesäumt ist. Im Schloß hat das Museum der Schlesischen Piasten seinen Sitz, das die Geschichte der Dynastie dokumentiert sowie eine interessante Sammlung regionalen Kunsthandwerks präsentiert.

✦ Zamek Piastów Śląskich, pl. Zamkowy 1, Di–So 10–16 Uhr

Während des Festivals Wratislavia Cantans finden im Schloß Konzerte statt, in der Pause flaniert man durch die Arkadengänge wie die Piastenfürsten anno dazumal.
Gleich neben dem Schloß steht die etwas nüchterne Hedwigskirche, die den Herrschern als Gruft diente. Imposanter wirkt die gotische Nikolaikirche nahe dem Marktplatz, die zu den größten Sakralbauten Schlesiens zählt. Den Marktplatz selbst ziert das Rathaus mit prächtigem Rokokosaal und stilvollem Kellerrestaurant, ansonsten wirkt der Platz eher enttäuschend – nur wenige der im Krieg zerstörten Barockhäuser wurden rekonstruiert.

Jelenia Góra (Hirschberg)

Am Fuße des Riesengebirges nahe der tschechischen Grenze liegt Jelenia Góra. Der städtische Marktplatz wirkt wie aus dem Bilderbuch: Er ist von pastellfarbenen Laubenhäusern gesäumt, in der Platzmitte erhebt sich das Neue Rathaus (1749) mit den *Siebenhäusern*, den ehemaligen Markthallen. Einstiger Reichtum spiegelt sich auch in der Kirche der hl. Erasmus und Pankratius. Die riesige Heiligkreuzkirche, die mit einem prunkvollen Barockaltar aufwartet, ist nach dem Vorbild der Stockholmer Katharinenkirche erbaut. Sehenswert ist das Regionalmuseum mit einer großen Sammlung von Glasobjekten aus aller Welt.

✦ Muzeum Okręgowe, ul. Matejki 28, Di–So 9–15.30 Uhr, am Wochenende eine Stunde länger geöffnet).

Zu Jelenia Góra gehört auch das 6 km südlich gelegene Dorf **Jagniątków (Agnetendorf)**, in dem Gerhart Hauptmann viele Jahre seines Lebens verbrachte. Sein Haus wurde vorbildlich restauriert und beherbergt nun ein Museum, in dem Besucher multimedial (auch in deutscher Sprache) in Leben und Werk des Literaturnobelpreisträgers eingeführt werden.

✦ Gerhart-Hauptmann-Haus (Dom Gerharta Hauptmanna), ul. Michałowicka 32, www.muzeum-dgh.pl, Di–So 9–17 Uhr; mit Literatur-Café

Karpacz (Krummhübel)

Der Ferienort liegt am Nordhang der Schneekoppe (Śnieżka) und ist ein idealer Startpunkt ins Riesengebirge. Im Sommer kann man herrliche Wanderungen unternehmen, im Winter eignen sich die Hänge gut zum Skifahren. Hauptattraktion von Karpacz ist die hölzerne *Stabkirche Wang*: Sie wurde im 13. Jahrhundert in Norwegen errichtet, ihr Gebälk mit Drachenköpfen und Wikingermotiven verziert. Auf Wunsch von König Friedrich Wilhelm IV. wurde sie 1841 am Weg zur Schneekoppe wieder aufgebaut. Ein Wanderpfad führt von der Kirche zum Sessellift, mit dem man zum Berg Kopa unterhalb der Schneekoppe gelangt. In Karpacz gibt es auch Polens einziges *Puppenmuseum*, gestiftet von Henryk Tomaszewski, dem Direktor des Breslauer Pantomimentheaters. Es enthält Hunderte von Puppen, Kuscheltieren und Teddybären aus aller Welt (Muzeum Zabawek, Mo geschl.).

Coca-Cola

Unterkunft

Die Stadt ist auf 12.000 Touristen eingestellt, darum ist es in der Regel sehr leicht, Zimmer zu bekommen. Es gibt Campingplätze und Jugendherbergen, Privatpensionen und Ferienheime sowie Hotels aller Preisklassen. Das beste Haus vor Ort ist das **Rezydencja**: eine Fin-de-Siècle-Villa auf einer Anhöhe oberhalb der Hauptstraße, ganz aus Holz erbaut mit Giebeln und Glasveranden. Die suiteartigen Zimmer sind groß und mit Stilmöbeln eingerichtet, angeschlossen sind eine Jazzbar und ein vorzügliches Restaurant. Mit Mountainbikeverleih und videoüberwachtem, abgeschlossenen Parkplatz.

✦ Rezydencja, ul. Parkowa 6, Tel. 075/7618020, Fax 7619513, www.hotelrezydencja.pl, 14 Zimmer, obere Preisklasse.

Kłodzko (Glatz)

Das alte Städtchen liegt 95 km südlich von Breslau, in unmittelbarer Nähe mehrerer Naturschutzgebiete. Zentrum von Kłodzko ist der geneigte Marktplatz, auf dem sich das Rathaus im Stil der Neorenaissance erhebt; daneben stehen Turm und Löwenbrunnen. Vom Markt winden sich malerische, von schmalen Bürgerhäusern gesäumte Gassen den Hügel hinauf. In südwestlicher Richtung erreicht man an der Marienkirche vorbei das Museum mit außergewöhnlicher Uhrensammlung.

✦ Muzeum Ziemi Kłodzkiej, ul. Łukasiewicza 4, Mo geschl.

Geht man vom Marktplatz südostwärts, so gelangt man über einen Flußarm auf die Sandinsel. Der Übergang ist der Prager Karlsbrücke nachempfunden, barocke Heiligenfiguren verleihen ihm verspieltes Flair. Von der Brücke sieht man auch die mächtige Festung, die wie ein Koloß über der Stadt kauert. Zur Festung kommt man über eine nördlich vom Marktplatz abzweigende Gasse, genießt von oben einen herrlichen Ausblick über Kłodzko und Umgebung. Auch die Unterwelt der Stadt läßt sich erforschen: Am Fuße der Festung beginnt eine 600 m lange Route (*Podziemna Trasa Turystyczna*), die durch ein Labyrinth von Kellern bis zur Marienkirche führt. Hier, in den ehemaligen Lagern der Kaufleute, wird man noch daran erinnert, daß die Stadt einst ausschließlich vom Handel lebte. Sie lag strategisch günstig an der Route von Polen nach Böhmen, war aufgrund ihrer Lage ein begehrtes Objekt fremder Intervention.

➢ Der Marktplatz von Jelenia Góra: Am Ring

➢ Blick auf Schloß Fürstenstein

Krzyżowa (Kreisau)

65 Kilometer südwestlich von Breslau liegt das ehemalige Gut des Grafen von Moltke. Hier traf sich der *Kreisauer Kreis*, der den Sturz des NS-Regimes und das Attentat auf Hitler am 20. Juli 1944 plante. Seit Beginn der 1990er Jahre ist das Landgut eine Deutsch-Polnische Begegnungsstätte, in der politische Seminare, Tagungen und künstlerische Workshops stattfinden.

Książ (Fürstenstein)

Schlesiens schönstes Schloß liegt auf dem Weg nach Wałbrzych, 75 km südwestlich von Breslau. Es erhebt sich auf einem Felsen inmitten einer zerklüfteten, dicht bewaldeten Karstlandschaft. Ursprünglich im 13. Jh. errichtet, wurde es mehrfach erweitert, sein heutiges Aussehen erhielt es im 18./19. Jh. unter der Fürstenfamilie Hochberg und Pleß. Mit Museum, terrassenförmig angelegtem Garten und angeschlossenem Gestüt. Montags bleibt die Anlage geschlossen.

Unterkunft

✦ Hotel Ksiąź, ul. Piastów Śl. 1, Tel. 074/6643890, Fax 6643892, www.ksiaz.walbrzyczh.pl, 57 Zi., mittlere/ obere Preisklasse

Legnica (Liegnitz)

Die Industriestadt wurde im Zweiten Weltkrieg schwer beschädigt, nur wenige Bauten im historischen Stadtkern wurden wiedererrichtet. Auf dem Rynek steht das barocke Rathaus sowie eine Reihe kleiner Arkadenhäuser, die sogenannten Heringsbuden. In südöstlicher Richtung erhebt sich die gotische Peter-und-Paul-Kirche mit reichem Schnitzwerk aus dem 14. Jahrhundert. Noch prächtiger wirkt die Johanniskirche, die man über die Św. Jana erreicht; in ihr wurden einige Abkömmlinge der Piastendynastie bestattet. Im Kupfermuseum schräg gegenüber wird die Geschichte der Stadt veranschaulicht.

✦ Muzeum Miedzi, ul. Św. Jana, Mo und Di geschl.

Über die ul. Partyzantów erreicht man das 1530 erbaute Schloß, das 300 Jahre später von Karl Friedrich Schinkel, dem Stararchitekten des preußischen Klassizismus, erneuert wurde. Heute beherbergt es das Fremdsprachenkolleg, ein Pavillon im Innenhof bewahrt Reste einer romanischen Kapelle (So und Mo geschl.).

Lubiąż (Leubus)

Das kleine Dorf an der Oder, 51 km nordwestlich von Breslau, rühmt sich eines der größten Klöster Europas. Es wurde ab 1175 von den ins Land geholten Zisterziensern erbaut. Die als hervorragende Bauern bekannten Mönche waren auserkoren, den Boden urbar zu machen und die Besiedlung der Region voranzutreiben. 600 Jahre später wurde das Kloster aufgelöst, die inzwischen zu reichen Grundbesitzern aufgerückten Mönche mußten sich eine neue Bleibe suchen. Das Kloster aber verfiel: anfangs diente es als Gestüt, später als Anstalt für Geisteskranke. Die Nationalsozialisten richteten darin eine Rüstungsfabrik ein und die Sowjets ein Lazarett. Seit 1991 wird der Klosterkomplex mit Mitteln der Deutsch-Polnischen Stiftung restauriert. Die ersten der insgesamt 365 Räume können bereits besichtigt werden, darunter der 15 Meter hohe Rittersaal mit prachtvollem barocken Interieur. Die mächtige Kirche, deren Türme die 223 m lange Klosterfassade schmücken, wird derzeit noch erneuert.

✦ Zespół Pałacowo-Klasztorny Cystersów w Lubiążu, www.fundacjalubiaz.org.pl, tägl. 9-18 Uhr, Okt.-März 10-15 Uhr; Führung zu jeder vollen Stunde.

Oleśnica (Oels)

Die Kleinstadt 30 km nordöstlich von Breslau war im Mittelalter Sitz eines unabhängigen Herzogtums. Von dieser Zeit kündet eine Burg, die im 16. Jahrhundert in ein prächtiges Renaissanceschloß verwandelt wurde. Sehenswert sind das Portal und der Arkadenhof; eine archäologische Sammlung informiert über die Frühgeschichte der Region. Über eine Galerie gelangt man in die benachbarte Johanniskirche, die verschiedenen Adelsgeschlechtern als Gruft diente. Im Stadtzentrum lohnen das gotische Rathaus und die Dreifaltigkeitskirche einen Besuch, die ehemalige Synagoge ist heute das Gotteshaus der Protestanten.

Opole (Oppeln)

Die Oderstadt liegt ca. 90 km südöstlich von Breslau und ist Zentrum der deutschen Minderheit. Hier wird das *Schlesische Wochenblatt* herausgegeben und mit deutschen Geldern die Altstadt aufpoliert. Fast 100.000 Deutschstämmige, heißt es, leben über zahlreiche Dörfer verstreut im Oppelner Land.
Der Ortsname verdankt sich einem slawischen Stamm, der sich im 8. Jahrhundert hier niederließ. 400 Jahre später war Opole Hauptstadt eines Herzogtums, beherrscht zunächst von den Piasten, dann den Habsburgern und Hohenzollern. Viele Bauten im Zentrum der Stadt künden von langer und spannender Geschichte. Der Marktplatz ist von Barock- und Rokokohäusern gesäumt, in seiner Mitte steht das riesige, 1936 nach dem Vorbild des Palazzo Vecchio in Florenz errichtete Rathaus. Östlich des Rynek führt die *Św. Wojciecha* am Schlesischen Regionalmuseum vorbei zur Marienkirche.

✦ Muzeum Śląska Opolskiego, ul. Św. Wojciecha, Mo geschl.

Spaziert man vom Marktplatz nordwärts, gelangt man zur mittelalterlichen, im 16. Jahrhundert erneuerten Heiligkreuzkathedrale. Die Dreifaltigkeitskapelle im rechten Seitenschiff birgt das marmorne Grabmal für Jan II., den letzten, 1532 verstorbenen Oppelner Fürsten. Im Schatten der Kathedrale liegt das Diözesanmuseum mit Skulpturen und Gemälden aus schlesischen Kirchen.

✦ Muzeum Diecezjalne,
ul. Kominka 1,
nur Di und Do geöffnet

Schmuckstück der Franziskanerkirche südwestlich des Rynek ist die Annakapelle: Unter einem Sternrippengewölbe ruhen Piastenfürsten in eindrucksvollen, aus Sandstein feingemeißelten Gräbern. Folgt man der *ul. Zamkowa* westwärts, gelangt man über den Mühlgraben auf die Oderinsel (*Wyspa Piaskowa*). Von dort genießt man einen schönen Ausblick auf die gegenüberliegende malerische Uferzeile, die von den Bewohnern *Oppelner Venedig* genannt wird. Im Park findet man noch Reste der altslawischen Opolanen-Siedlung; ein 40 Meter hoher Turm, Relikt einer trutzigen gotischen Burg, bietet einen herrlichen

Blick über die Stadt (Wieża Piastowska, Mo geschl.). Nahebei befindet sich das Amphitheater, in dem alljährlich im Juni das traditionsreiche Schlagerfestival stattfindet.

5 km westlich des Stadtzentrums, an der nach Breslau führenden Straße, veranschaulicht ein Freilichtmuseum die bäuerlich-schlesische Architektur. Ein Dorf mit 50 Holzbauten wurde komplett rekonstruiert, samt Kirche, Wassermühle und Speicher. Ein Gasthaus aus dem 18. Jahrhundert ist noch immer in Betrieb und tischt herzhafte Küche auf.

✦ Muzeum Wsi Opolskiej,
ul. Wrocławska 174, Mo geschl.

Touristeninformation

✦ MIT, ul. Krakowska 15,
Tel. 077/4511987, Fax 4511861,
www.opole.pl, www.um.opole.pl,
mit@um.opole.pl,
Mo-Fr 10-17, Sa 10-13 Uhr

Unterkunft

Das renovierte Hotel Opole liegt nahe dem Bahnhof: alle Zimmer mit Sat-TV und geräumigem Bad.

✦ Hotel Opole, ul. Krakowska 59,
Tel. 077/4518100, Fax 4518114,
120 Zimmer, obere Preisklasse

Sobótka (Zobten)

Nur etwa 35 km südwestlich von Breslau befindet sich *Ślęża*, der von slawischen Stämmen verehrte ›Heilige Berg‹. Wie ein einsamer Riese ragt er aus der schlesischen Tiefebene empor, sein Gipfel erreicht eine Höhe von 718 m. Die Deutschen nannten ihn Zobten, ließen sich dabei vom slawischen Wort *sobota* (Samstag) inspirieren. Auf seinem Gipfel wie auch an seinem Fuß haben sich heidnische Kultfiguren erhalten. Sie sehen aus wie Mönch, Bär und Pilz, von Wind und Wetter gegerbte Giganten aus archaischer Zeit. Interessantes über die frühen Bewohner erfährt man im Museum von Sobótka, einem kleinen Städtchen am Fuße des Berges. Sobótka (kleiner Samstag) ist ein beliebtes Wochenendziel der Breslauer, seinen Namen verdankt es dem traditionell am Samstag stattfindenden Bauernmarkt. Im Ślężańskie-Museum sind zahlreiche archäologische Funde ausgestellt.

✦ Muzeum Ślężańskie,
ul. Św. Jakuba 18,
Mo und Di geschl.

Trzebnica (Trebnitz)

»Trzeba nic« (Ich brauche nichts) soll Herzogin Hedwig gesagt haben, als sie beschloß, ihr Leben der Kirche zu weihen. Ihr Ausspruch gab dem 24 km nördlich von Breslau gelegenen Ort seinen Namen. Hedwig war, so belehrt uns ein Faltblatt, *»Tochter des oberbayerischen Grafen Berthold VI. von Andechs, Markgraf von Istrien und Herzog von*

Meranien«. 1202 hatte sie die Zisterzienser beauftragt, das umliegende Land für deutsche Siedler attraktiv zu machen; im Gegenzug stiftete sie ihnen ein prächtiges Kloster. Als ihr Mann Herzog Heinrich I. 1238 starb, zog sie sich ins Kloster zurück und verbrachte dort den Rest ihres Lebens. Ihr Sohn war der ob seiner Tapferkeit gleichfalls gepriesene Herzog Heinrich II., der im Kampf gegen die Mongolen 1241 fiel. Seit sie 1267, nur 24 Jahre nach ihrem Tod, heiliggesprochen wurde, gilt sie als unbestrittene Schutzpatronin Schlesiens. In der um 1300 entstandenen ›Hedwigslegende‹ wurde ihr Leben glorifiziert und der breiten Bevölkerung bekannt gemacht. Und noch heute, mehr als 700 Jahre später, scheint sich alles um Jadwiga (Hedwig) zu drehen. Ihr Grabmal, aufgestellt in der Klosterkirche, ist ein beliebtes Ziel von Wallfahrten – besonders am 16. Oktober, wenn das Fest der Patronin gefeiert wird. Eine Alabasterfigur zeigt sie in der Kirche als schlafende Schönheit. Sie ruht unter einem von Säulen getragenen Baldachin, an ihrer Seite der Erzengel Michael mit Seelenwaage und Schwert.

➢ Nonne in Trzebnica

Informationen von A–Z

Anreise

Bürger der Bundesrepublik Deutschland und Österreichs benötigen für die Einreise einen Personalausweis, Bürger der Schweiz einen noch mindestens sechs Monate gültigen Reisepaß. Personen unter 16 Jahren müssen einen Kinderausweis mit Lichtbild vorweisen oder im Paß ihrer Eltern eingetragen sein.
Für Hunde und Katzen ist der Nachweis einer Tollwutimpfung erforderlich. Die Impfung muß mindestens 30 Tage vor der Einreise erfolgt sein und darf höchstens ein Jahr zurückliegen. Der obligatorische Heimtierausweis wird vom Tierarzt ausgestellt. Das Tier muß mit Hilfe des Passes identifizierbar und mit einer eintätowierten Kennzeichnungsnummer versehen sein.

Mit dem Auto

Der Polnische Motorverband PZM unterhält Dienststellen an sämtlichen Grenzübergängen. Er informiert über Verkehrsregeln und Reisebedingungen in Polen, auch kann hier Geld gewechselt werden. Südlich von Frankfurt/Oder gibt es die folgenden **Grenzübergänge** von der Bundesrepublik nach Polen:

- ✦ Słubice – Frankfurt/Oder (E30), nur für Pkw
- ✦ Świecko – Frankfurt/Oder (E30)
- ✦ Gubin – Guben
- ✦ Zasieki – Forst, nur für Fußgänger und Radfahrer
- ✦ Olszyna – Forst (Straße 12/A 4)
- ✦ Łęknica – Bad Muskau
- ✦ Przewóz – Podrosche, keine Busse
- ✦ Jędrzychowice – Ludwigsdorf
- ✦ Zgorzelec – Görlitz (E 40)
- ✦ Krzewina Zgorzelecka – Ostritz, nur für Fußgänger und Fahrräder
- ✦ Sieniawka – Zittau
- ✦ Porajów – Zittau, nur für Pkw

Abkürzungen

IT	*Informacja Turystyczna*: Fremdenverkehrsbüro
PKO	*Polska Kasa Oszczędności*: Polnische Bank
PKP	*Polskiej Koleje Państwowe*: Staatliche Polnische Eisenbahn
PKS	*Polska Komunikacja Samochodowa*: Polnische Omnibusbetriebe
WOP	*Wojskowa Ochrona Pogranicza*: Grenzpolizei
ul.	*ulica*: Straße
al.	*aleja*: Allee
pl.	*plac*: Platz

Aus Österreich kommend reist man durch die Tschechische Republik ein. Von Wien aus fährt man am besten über Brno/Brünn – E´461 – Hradec Králové/Königgrätz – Náchod und den Grenzübergang Beloves/Kudowa (E 67). Als Alternative bietet sich an die A22 – E59 – Klein-Haugsdorf – Jihlava/Iglau und von dort über Land nach Hradec Králové oder über die Autobahn (E 50/65) nach Prag und weiter über Liberec/Reichenberg wie unten. Aus West- und Südösterreich fährt man über Linz – E 55 – Prag – E 65 – Liberec/Reichenberg – Jablonec/Gablonz und den Übergang Harrachov/Jakuszczyce (E 65).

Zur Einreise benötigen Autofahrer den nationalen Führerschein. Ebenfalls erforderlich sind Warndreieck, Verbandskasten und Nationalitätenkennzeichen.
Für PKW und Motorräder beträgt in Polen die **Höchstgeschwindigkeit** 60 km/h in geschlossenen Ortschaften, 90 km/h auf Landstraßen und 130 km/h auf Autobahnen; Autos mit Anhänger dürfen auch auf Landstraßen und Autobahnen nicht schneller als 70 km/h fahren.
Es besteht **Gurtpflicht** auf allen Sitzen. Kinder unter zwölf Jahren brauchen einen Kindersitz. Auto- und Motorradfahrer müssen ganzjährig mit Abblendlicht fahren. Die **Promillegrenze** beträgt 0,2, wer des übermäßigen Alkoholgenusses überführt wird, muß mit einer Geldstrafe von bis zu 2000 € rechnen.
Tankstellen sind fast ebenso zahlreich wie in Deutschland, die Versorgung mit bleifreiem Benzin und Dieselkraftstoff ist flächendeckend sichergestellt. Im Sommer sind die Tankstellen in der Regel von 6–22, an Sonn- und Feiertagen von 7–17 Uhr geöffnet. Nur an Kreuzungen von Fernstraßen sowie an internationalen Routen bleiben einige Tankstellen auch nachts offen.
Den **Pannenhilfsdienst** erreicht man unter Tel. 981, den Unfallrettungsdienst unter Tel. 999. Die Notrufstation des ADAC in Polen hat die Nummer 022/6222060.

Die Zahl der Fahrzeuge hat sich in Breslau vervielfacht, darum ist es werktags oft schwer, in der Innenstadt einen **Parkplatz** zu finden. Immerhin gibt es mittlerweile schon mehr als zehn bewachte, gebührenpflichtige Parkplätze und zwei Parkhäuser. Im Altstadtkern wird zwischen 9 und 18 Uhr auch für das unbewachte Parken kräftig zur Kasse gebeten. Am teuersten ist es in der Zone A, um die Hälfte billiger in der Zone B. Parkzettel kauft man an Kiosken und bei Straßenverkäufern. Nach Ankreuzen des Datums und der Anfangszeit ist der Parkzettel gut sichtbar an der Windschutzscheibe zu plazieren. Wer die Parkgebühr nicht entrichtet, muß damit rechnen, daß sein Fahrzeug auf einen Platz außerhalb der Stadt abgeschleppt wird.

Mit der Bahn

Wrocław (Breslau) ist ein Eisenbahnknotenpunkt, direkte Verbindungen gibt es u.a. mit Frankfurt/M., Berlin, Dresden, Leipzig und Prag. Ab Berlin starten Euro City-Züge, die Reisedauer beträgt knapp vier Stunden. Platzreservierung bzw. Buchung eines Liegewagenplatzes sind dringend zu empfehlen. Aktuelle Auskünfte über Spartarife und Veränderungen im internationalen Zugverkehr zwischen Deutschland und Polen erhält man in den Reisezentren der Deutschen Bahn, in Reisebüros mit DB-Lizenz, beim telefonischen ReiseService 11861 und im Internet unter www.bahn.de. Die Radfahrer-Hotline (Tel. 01805-151415) ist werktags 8-20 und am Wochenende 9-14 Uhr besetzt und erteilt Auskunft zu Fahrradmitnahme und Versand.

Die Ankunft mit dem Zug in Breslau bereitet Vergnügen: Das Bahnhofsgebäude stammt aus dem 19. Jahrhundert und wurde aufwendig renoviert, erinnert an den Tudor-Stil englischer Schlösser.

Mit dem Bus

Regelmäßige Busverbindungen nach Polen werden von der Deutschen Touring-GmbH und ihren polnischen Partnern wie Pekaes, Anna Travel, Omnia, MakTourist, Comfort Lines, Eurotrans unterhalten. Zu den wichtigsten genehmigten Linien zählen:

✦ Frankfurt/M.-Wrocław-Warszawa
✦ Mannheim-Wrocław-Warszawa

Mit dem Flugzeug

Der Breslauer Flughafen liegt 10 km südwestlich des Stadtkerns in Strachowice. Mit Bus 106 kommt man zum Freiburger Bahnhof (Dworzec Świebodzki), mit dem LOT-Bus zum Büro der polnischen Fluggesellschaft in der ul. Piłsudskiego 26 (Tel. 3436376). LOT/Lufthansa fliegt täglich direkt ab Frankfurt (www.lot.com), ab München und Wien gibt es auch Flüge mit Eurowings. – Auskunft über Orte und Abflugzeiten erteilen die Reisebüros, die Flugzeit beträgt weniger als zwei Stunden. Welcher Billigflieger demnächst den Breslauer Flughafen anpeilt, erfährt man aus dem Internet.

✦ Flughafen (Lotnisko), ul. Skarżyńskiego 36, Strachowice, Tel. 3581100, www.airport.wroclaw.pl

Auskunft

Vor der Reise lohnt es sich, ans **Polnische Fremdenverkehrsamt** zu schreiben und um die kostenlose Zusendung von aktuellen Broschüren zu bitten.

✦ Polnisches Fremdenverkehrsamt, Kurfürstendamm 71, 10709 Berlin, Tel. 030/2100920, Fax 21009214, www.polen-info.de, info@polen-info.de

✦ Polnisches Fremdenverkehrsamt, Lerchenfelderstr. 2 / Palais Auersberg, 1080 Wien, Tel. 01/5247191, Fax 524719120, www.poleninfo.at, info@poleninfo.at

Polnische Kulturzentren gibt es in Berlin, Düsseldorf und Leipzig.

✦ Berlin (10178): Burgstr. 27, Tel. 030-2475810, www.polnische kultur.de

✦ Düsseldorf (40213): Citadellstraße 7, Tel. 0211-866960, Fax 0211-8669620, www.polnisches-institut.de

✦ Leipzig (04109): Markt 10, Tel. 0341-702610, Fax 2115727, www.polinst-l.de

Die **Breslauer Touristeninformation** befindet sich am Ring an der Südseite des Marktplatzes. Besucher erhalten hier Stadtpläne und können Ausflüge in die Umgebung buchen. Kostenlos bekommt man die Monatsschrift *Co Jest Grane*, den aktuellen Veranstaltungskalender. Weitere Details zum Kulturprogramm werden in den lokalen Tageszeitungen veröffentlicht.

✦ Touristeninformation, Rynek 14, 50-101 Wrocław, Tel. 071/3443111, Fax 3442962, www.dolnyslask.info.pl, www.wroclaw.pl, dot@tur-info.wroc.pl, Mo-Fr 9-19, Sa 10-17 Uhr

Das polnische Reisebüro **Orbis** organisiert Spaziergänge durch Breslau mit deutschsprachigem Reiseführer. Wer Lust hat, kann außerdem an einer Stadtrundfahrt teilnehmen, bei der Universität, Dominsel und Jahrhunderthalle auf dem Programm stehen. Ausflüge in die Umgebung können gleichfalls bei Orbis gebucht werden. Angeboten werden u.a. Fahrten ins Riesengebirge und Glatzer Bergland, nach Trebnitz und ins Oppelner Land.

✦ Orbis-Büro, Rynek 29

Autovermietung

Autos können in den Stadtbüros der Agenturen, aber auch an Grenzübergängen, auf dem Flughafen und an der Rezeption größerer Hotels angemietet werden. Die Mietbedingungen hängen von der jeweiligen Firma ab, meist werden Kreditkarte, Reisepaß und internationaler Führerschein verlangt.

- ✦ Eurodollar Rent a Car, Hotel Wrocław, ul. Powstańców Śl. 7, Tel. 3614651/1313, Fax 3616617
- ✦ Hertz, Rynek 29, Tel. 3434780
- ✦ Avis, ul. Piłsudskiego 46, Tel. 3723567

Bus und Straßenbahn

Fahrkarten kauft man an Endstationen sowie in Zeitschriftenkiosken mit dem Aufdruck MPK. Außer den normalen Karten für Bus und Straßenbahn gibt es etwas teurere Tickets für Expressbusse und Nachtlinien. Sofort nach Einsteigen sind die Karten zu stempeln bzw. zu durchlöchern. Sie gelten jeweils nur für eine Linie, beim Umsteigen muß man also eine neue Karte entwerten.

Die Städtischen Verkehrsbetriebe (Miejskie Przedsiębiorstwo Komunikacyjne) verkaufen preiswerte Tageskarten für Touristen (*bilet jednodniowy*), gültig auf allen Linien innerhalb der Stadtgrenzen (außer Nacht- und Expresslinien). Die Hauptverkaufsstelle für Sammelkarten befindet sich am Salzplatz (plac Solny 20, Tel. 3444421), Filialen gibt es im Hauptbahnhof, in der Unterführung des Plac 1 Maja und in der ul. Świdnicka (Ecke Podwale).

Eine Art fahrendes Museum ist die historische Straßenbahn von 1893, die am Wochenende durch die Straßen der Stadt tuckert. Die eingesetzten Bahnen sind nach den Märchenfiguren *Jaś*, *Małgosia* und *Baba Jaga* benannt (Hänsel und Gretel, sowie die Hexe Baba Jaga). Die Tour startet Samstag und Sonntag um 13, 15, 17 und 19 Uhr am Plac Teatralny neben der Oper und führt über die Świdnicka zum Hauptbahnhof, von dort weiter über den Plac Dominikański zur Jahrhunderthalle; nach 15minütiger Pause geht es über Sand- und Dominsel zum Ausgangspunkt zurück. Die Fahrt dauert insgesamt 90 Minuten, Gruppen werden gebeten, eine Reservierung vorzunehmen (Tel. 3577232).

Diebstahl

Beim Verlust des Reisepasses stellt die Konsularabteilung der Botschaft der Bundesrepublik Deutschland einen Reisepaß zur Rückkehr in die BRD aus. Vorgelegt werden müssen die Verlustanzeige, bestätigt durch die örtliche Polizeibehörde, sowie zwei Paßbilder. Was Fahrzeugpapiere betrifft, genügt die von der Polizei attestierte Verlustanzeige. Fahrzeugpapiere und Personalausweise können nur im Heimatland neu ausgestellt werden. Grundsätzlich sollte jeder Reisende die Registriernummern der Personalpapiere auf einem gesonderten Blatt notieren bzw. entsprechende Photokopien mitführen. So wird im Fall eines Verlustes die Identifizierung durch die jeweilige diplomatische Vertretung vereinfacht.

Diplomatische Vertretungen

In Deutschland

- ✦ Polnische Botschaft, Lassenstr. 19-21, 14193 Berlin, Tel. 030/223130, Fax 22313155, www.botschaft-polen.de
- ✦ Polnische Konsularabteilung Richard-Strauss-Str. 11, 14193 Berlin, Tel. 030/223130; Fax 22313212
- ✦ Polnisches Generalkonsulat Gründgensstr. 20, 22309 Hamburg, Tel. 040/611870, Fax 6325030
- ✦ Polnisches Generalkonsulat Lindenallee 7, 50968 Köln, Tel. 0221/937300, Fax 343089
- ✦ Polnisches Generalkonsulat Trufanowstr. 25, 04105 Leipzig, Tel. 0341/5623300, Fax 5623333
- ✦ Polnisches Generalkonsulat Röntgenstr. 5, 81675 München, Tel. 089/4186080, Fax 471318

In Österreich

- ✦ Polnische Botschaft, Hietzinger Hauptstr. 42c, 1130 Wien, Tel. 01/87015100, Fax 87015-222 www.wien.polemb.net

In der Schweiz

- ✦ Polnische Botschaft, Elfenstr. 20a, 3006 Bern, Tel. 031/3580202, Fax 3580216 berno.polemb.net

In Polen

Warschau

- ✦ Deutsche Botschaft, ul. Dąbrowiecka 30, 09-932 Warszawa, Tel. 022/5841700, Fax 5841739 www.ambasadaniemiec.pl
- ✦ Deutsche Konsularabteilung, ul. Jazdów 12b, 00-467 Warszawa, Tel. 022/5841900, Fax 5841929
- ✦ Österreichische Botschaft, ul. Gagarina 34, 00-748 Warszawa, Tel. 022/8410081, Fax 8410085 www.aussenministerium.at/warschau

Breslau

- ✦ Deutsches Generalkonsulat, ul. Podwale 76, 50-449 Wrocław, Tel. 071-3772700, Fax 3424114 www.breslau.diplo.de
- ✦ Österreichisches Generalkonsulat, ul. Oławska 2, 53-326 Wrocław, Tel. 071/3617560, Fax 3617561

Feiertage

1. Jan.	Neujahr
März/Apr.	Ostern (So/Mo)
1. Mai	Tag der Arbeit
3. Mai	Tag der Verfassung
Mai	Fronleichnam (Do)
15. Aug.	Mariä Himmelfahrt
1. Nov.	Allerheiligen
11. Nov.	Unabhängigkeitstag
25./26.Dez.	Weihnachten

Internet

www.polen-info.de:
Die deutschsprachige Seite des Polnischen Fremdenverkehrsamtes bietet in übersichtlicher Anordnung Basisinfos über das Land, eine Beschreibung aller touristisch interessanten Orte, Anschriften wichtiger Unterkünfte und Tips für Aktivurlaub

(Angeln, Reiten, Wassersport, Golf, Segelfliegen und Pilgerfahrten).

www.inyourpoket.com:
Der Klick auf ›Wroclaw‹ führt zum Breslauer City Guide mit einer breiten Palette von Rezensionen zu Unterkünften und Restaurants, Hinweisen auf Sport, Kultur und Unterhaltung. Auch ist zu erfahren, in welchem Breslauer Internet-Café man z.Z. am günstigsten surfen kann.

www.wroclaw.pl:
Von der Stadt Breslau erstellte Website (auch in englischer Sprache) mit einigen grundlegenden Infos zur Stadt.

Medizinische Versorgung

Die ärztliche und zahnärztliche Versorgung in Breslau ist wie in allen polnischen Städten gut. Im Krankheitsfall legt man dem behandelnden Arzt die Europäische Krankenversicherungskarte vor, die man sich vor der Polenreise bei der Krankenkasse besorgt hat. In einem Notfall muß der Rettungsdienst gerufen werden (Tel. 999), schneller ist freilich in der Regel das Taxi (Tel. 919). Arzneimittel können in Polen immer noch sehr preiswert - und vielfach ohne Rezept - in der Apotheke (*apteka*) gekauft werden. Geöffnet ist diese in der Regel Mo-Fr 9-19 und Sa 9-14 Uhr. Wer nachts oder an Feiertagen Medikamente benötigt, ist auf Apotheken mit Sonderdienst angewiesen. Die entsprechende Übersicht findet man in Tageszeitungen sowie an den Eingängen der geschlossenen Apotheken.

Post und Telefon

Rund um die Uhr geöffnet ist die Post nahe dem Bahnhof in der ul. Małachowskiego 2. Das Postamt am Rynek 28 und die übrigen Filialen der Stadt bleiben werktags 8-20, samstags 8-15 Uhr geöffnet.
Um von Polen ins Ausland zu telefonieren, muß man für Deutschland die 0049, für Österreich die 0043 und für die Schweiz die 0041 vorwählen; bei der anschließenden Ortsnetzkennzahl ist die erste Null wegzulassen.

Telefonieren nach Polen
Um nach Polen zu telefonieren, wählt man 0048, danach die Ortsnetzvorwahl ohne Null, anschließend den Teilnehmeranschluß.

Wichtige Telefonnummern

112	Allgemeiner Notruf (Polizei/Feuerwehr/Ambulanz)
900	Ferngespräche innerhalb Polens (Vermittlung)
901	Auslandsgespräche (Vermittlung)

905 Telefonische Telegrammaufnahme
908 Auskunft über ausländische Tel.-Nummern
930 Auskunft über internationale Vorwahlnummern
981 PZMot
997 Polizei
998 Feuerwehr
999 Ambulanz

Wichtige Vorwahlnummern in Polen

Warschau 022
Gdańsk/Danzig 058
Gliwice/Gleiwitz 032
Jelenia Góra/Hirschberg 075
Katowice/Kattowitz 032
Kraków/Krakau 012
Legnica/Liegnitz 076
Łódź/Lodz 042
Olsztyn/Allenstein 089
Opole/Oppeln 077
Poznań/Posen 061
Szczecin/Stettin 091
Toruń/Thorn 056
Wałbrzych/Waldenburg 074
Warszawa/Warschau 022
Wrocław 071
Zakopane 0165

Radio und Fernsehen

In der Sommersaison strahlen einige Sender des Polnischen Rundfunks vomittags die wichtigsten Nachrichten auch in deutscher, englischer und französischer Sprache aus. Das polnische Fernsehen mag für den westlichen, der Sprache unkundigen Besucher vor allem interessant sein, um sich über das Wetter der folgenden Tage zu informieren: im ersten Programm täglich ca. 19.55 Uhr, im zweiten Programm ca. 22.25 Uhr. Filme in der Originalsprache gibt es im Fernsehen nicht, aus Kostenersparnis werden sie weder mit Untertiteln versehen noch synchronisiert – über den Originalton legt sich die Stimme eines immergleichen Sprechers, der alle Rollen, egal ob Mann oder Frau, übernimmt. Zum Glück können mit Hilfe von Satellitenantennen – wenigstens in besseren Hotels – Programme westlicher Fernsehstationen empfangen werden.

Reiseveranstalter

Als Spezialist für Reisen nach Polen empfiehlt sich **DNV-Tours,** es lohnt sich, das Programm ›Zwischen Oder und Baltikum‹ anzufordern! Gewiß auch in der nächsten Saison dabei ist die viertägige Kurz- und Städtereise ›Breslau‹, ebenso beliebt ist die einwöchige Busreise, bei der zusätzlich zur Besichtigung Breslaus eine Rundfahrt durch das Riesengebirge erfolgt. Alternativ gibt es eine Reise zu den berühmten schlesischen Bädern und eine Tour nach Oppeln, Krakau und Tschenstochau.

✦ DNV-Touristik GmbH, Heubergstr. 21, 70806 Kornwestheim, Tel. 07154-131830, Fax 182924, www.dnv-tours.de, info@dnv-tours.de

Reisezeit und Klima

Die Durchschnittstemperatur liegt im Juli bei 18 °C, im Januar, dem kältesten Monat, bei -2 °C. Die jährliche Niederschlagsmenge ist mit knapp 600 mm etwas niedriger als in Frankfurt oder Berlin. Beste Reisezeit sind die Monate Mai, September und Oktober, hier fallen in der Regel nur geringe Niederschläge.

Taxis

Taxis bestellt man telefonisch rund um die Uhr, z.B. Taxi Blues (Tel. 9661). Die Anfahrt ist je-weils kostenlos, die Tarife müssen auf der Beifahrerseite ausgehängt sein. Man zahlt eine Grundgebühr von etwa 2 € für den ersten Kilometer, für jeden weiteren Kilometer etwa 1 €, nachts etwas mehr. Taxihaltestellen befinden sich am Flughafen und am Bahnhof, in der Nähe der größeren Hotels und an vielbesuchten Straßen.

Zeitungen und Zeitschriften

Die größte Tageszeitung Niederschlesiens ist *Słowo Polskie* mit umfangreichem Informationsteil und aktuellen Veranstaltungstips. Sie konkurriert mit der *Gazeta Wrocławska* und der Abendzeitung *Wieczór Wrocławia*, vor allem aber mit der in der Hauptstadt gedruckten *Gazeta Wyborcza*, die über eine attraktive Breslauer Beilage verfügt.
Die größte Auswahl an internationalen Zeitungen und Zeitschriften findet man im EMPiK am Plac Kościuszki, außerdem gibt es hier Bücher, Kassetten und CDs (Mo-Fr 9-20, Sa 10-18, So 10-16 Uhr). Deutschsprachige Zeitungen und Zeitschriften erreichen Breslau mit höchstens eintägiger Verspätung.

Zoll

Für die Ein- und Ausfuhr von Waren gelten die Bestimmungen der Europäischen Union. Solange allerdings Tabakwaren in Polen geringer besteuert werden als in anderen Ländern der EU, bleibt die zollfreie Einfuhr von Zigaretten auf 200 Stück pro Person über 18 Jahre beschränkt. Kunstwerke und Antiquitäten, die vor dem 9. Mai 1945 hergestellt wurden, dürfen nur exportiert werden, wenn eine spezielle Genehmigung des polnischen Kultusministeriums vorliegt.

Kleiner Sprachführer

Westliche Besucher empfinden die polnische Sprache als Zungenbrecher: unaussprechlich scheinen ihnen so einfache Worte wie *szczęscia* (Glück) oder *miłość* (Liebe), so mancher ist froh, wenn er nach einem mehrtägigen Aufenthalt *cześć* (hallo) sagen kann.

Polnisch gehört zur slawischen Sprachfamilie, das Alphabet ist – anders als das Russische – latinisiert. Die Betonung der Wörter liegt in der Regel auf der vorletzten Silbe. Folgende Buchstaben sind nur in der polnischen Sprache anzutreffen und bedürfen einer Erläuterung:

ę ähnlich dem französischen f*in*

ą ähnlich dem französischen m*on*

ł ähnlich dem englischen *where*

ś ein weiches s (*sch*)

ć ein weiches c (*tsch*)

ń ähnlich dem französischen Champa*gn*er

ó entspricht dem kurzen *u* in H*u*nd

ź, ż, rz ähnlich dem französischen *j*our

sz entspricht *sch*

cz entspricht *tsch*

Alle Vokale werden einzeln ausgesprochen: Buchstabenfolgen wie ie und eu werden nicht zu einem Laut zusammengezogen. Gleiches gilt für Konsonantenkombinationen: so wird z.B. ck nicht zu k verkürzt (Aussprache: *tzk*).

Grundvokabular

Guten Tag	dzień dobry
Guten Abend	dobry wieczór
Gute Nacht	dobranoc
Wie geht es Ihnen?	Jak się Pan (m) / Pani (w) ma?
Wie geht's?	Jak się masz?
Auf Wiedersehen	do widzenia
hallo / tschüß	cześć
danke	dziękuję
bitte	proszę
bitte sehr	proszę bardzo
Entschuldigung	przepraszam
ja	tak
nein	nie
warum?	dlaczego?
Ich spreche kein Polnisch!	Nie mówię po polsku!
Ich verstehe nicht!	Nie rozumiem!
Ich weiß nicht!	Nie wiem!
Bitte langsam!	Proszę powoli!
Wieviel kostet das?	Ile to kosztuje?
Die Rechnung bitte!	Poproszę o rachunek!
Das ist zu teuer!	To za drogo!
billig	tanio
klein	mały
groß	duży
wenig	mało
viel	dużo
gut	dobry
schlecht	niedobry / zły
besetzt	zajęty
frei	wolny
geöffnet	czynne / otwarty
geschlossen	nieczynny / zamknięty

Allgemeine Begriffe

aleja (Abk. *al.*)	Allee
brama	Tor
cmentarz	Friedhof
droga	Weg
góra	Berg

kantor	Wechselstube
kawiarnia	Café
klasztor	Kloster
kościół	Kirche
most	Brücke
pałac	Palast
piwnica	Keller
plac	Platz
poczta	Post
przedmieście	Vorort
ratusz	Rathaus
restauracja	Restaurant
ruch	Kiosk
rynek główny	Hauptplatz
stare miasto	Altstadt
święty	Heiliger
ulica (Abk. ul.)	Straße
zamek	Schloß

Ortsangaben

Wo ist…?	Gdzie jest…?
Haus	dom
hier	tu / tutaj
dort	tam
links	na lewo
rechts	na prawo
geradeaus	po prostu
gegenüber	na przeciw
nahe	blisko
weit	daleko

Zeitangaben

Wann?	Kiedy?
Um wieviel Uhr?	O której godzinie?
Wie lange?	Jak długo?
Wie spät ist es?	Która jest godzina?
morgens	rano
nachmittags	po połodniu
abends	wieczorem
jetzt	teraz
später	później
heute	dzisiaj/dziś
gestern	wczoraj
morgen	jutro
Tag / Nacht	dzień /noc
Woche	tydzień
Montag	poniedziałek
Dienstag	wtorek
Mittwoch	środa
Donnerstag	czwartek
Freitag	piątek
Samstag	sobota
Sonntag	niedziela
Feiertag	święto
Monat	miesiąc
Januar	styczeń
Februar	luty
März	marzec
April	kwiecień
Mai	maj
Juni	czerwiec

Zahlen

0	zero	8	osiem	15	piętnaście	40	czterdzieści
1	jeden	9	dziewięć	16	szesnaście	50	pięćdziesiąt
2	dwa	10	dziesięć	17	siedemnaście	60	sześćdziesiąt
3	trzy	11	jedenaście	18	osiemnaście	70	siedemdziesiąt
4	cztery	12	dwanaście	19	dziewiętnaście	80	osiemdziesiąt
5	pięć	13	trzynaście	20	dwadzieścia	90	dziewięćdziesiąt
6	sześć	14	czternaście	30	trzydzieści	100	sto
7	siedem					101	sto jeden
						1000	tysiąc

Juli	lipiec
August	sierpień
September	wrzesień
Oktober	październik
November	listopad
Dezember	grudzień

Verkehrsmittel

Abfahrt	odjazd
Ankunft	przyjazd
Flughafen	lotnisko
Bahnhof	dworzec
Zug	pociąg
Gleis	peron
Bushaltestelle	przystanek autobusowy
Bus	bus
Straßenbahn	tramwaj
Taxi	taksówka
Fahrkarte	bilet
Fahrkartenschalter	kasa biletowa
Hinfahrt	bilet w jedną stronę
Rückfahrt	bilet powrotny
Umsteigen	przesiadiać się
Sitzplatzreservierung	miejscówka
für (Nicht)raucher	dla (nie)palących
Wie lange dauert die Fahrt?	Ile czasu trwa podróż?
Tankstelle	stacja benzynowa
Benzin	benzyna
Bleifreies Benzin	benzyna bezołowiowa
Öl	olej
Wasser	woda
Umleitung	objazd
Durchfahrt verboten	przejazd wzbroniony
bewachter Parkplatz	parking strezony
Panne	awaria
Unfall	wypadek

Unterkunft

Hotel	hotel
preiswertes Hotel	dom wycziezkowy
Herberge	schronisko
Jugendherberge	schronisko młodzieżowe
Privatunterkunft	kwatera prywatna
Unterkunft	noclegi
Zimmer	pokój
Einzelzimmer	pokój jednoosobowy
Doppelzimmer	pokój dwuosobowy
Haben Sie ein Zimmer frei?	Czy Pan (m) / Pani (w) ma pokój?
Ich möchte ein Zimmer...	Chciałbym (m) / chciałabym (w) pokój
- mit Bad	z łazienką
- mit Dusche	z prysznicem
- mit Balkon	z balkonem
- für einen Tag	na jeden dzień / doba (24 Stunden)
- für eine Woche	na jeden tydzień
Wieviel kostet das Zimmer pro Nacht ...?	Ile kosztuje ten pokój za dobę...?
- mit Frühstück	ze śniadaniem
- mit Halbpension	ze śniadaniem i kolacja
- mit Vollpension	z całym wyżywieniem
- für zwei Personen	na dwie osoby
Ist das Zimmer ruhig?	Czy to cichy pokój?
Kann ich das Zimmer sehen?	Czy mogę zobaczyć pokój?

Essen und Trinken

Abendbrot	kolacja
Äpfel	jabłka
Bier	piwo
Brot	chleb
Brötchen	bułka
Butter	masło

Eis	lody
Fisch	ryba
Flasche	butelka
Fleisch	masło
Frühstück	śniadanie
Gabel	widelec
Geflügel	drób
Gemüse	warzywa
Glas	szklanka
Käse	ser
Kaffee	kawa
Kartoffeln	ziemniaki
Löffel	łyżka
Marmelade	dżem
Messer	noż
Milch	mleko
Mineralwasser	woda mineralna
Mittagessen	obiad
Obst	owoce
Pfeffer	pieprz
Pilze	grzyby
Pommes frites	frytki
Reis	ryż
Saft	sok
Salz	sol
Schokolade	czekolada
Suppe	zupa
Tee	herbata
Teller	talerz
Wein	wino
Wild	dziczyzna
Wurst	kiełbasa
Zucker	cukier

Die wichtigsten Begriffe der Speisekarte (polnisch-deutsch) finden sich im →Eßdolmetscher!

Post & Telefon

Post	poczta
Brief	list
Postkarte	pocztówka
Briefmarken	znaczki
Telefon	telefon
Ich möchte nach Deutschland /Österreich / in die Schweiz telefonieren!	Chciałbym (m) / chciałabym (w) zadzwonić do Niemec/ Austrii / Szwajcarji!
Wo kann ich telefonieren?	Skąd mogę zatelefonować?
Telefonnummer	numer telefonu
Vorwahlnummer	numer kierunkowy
Falsch verbunden!	Złe połączone!

Arztbesuch

Arzt	lekarz
Zahnarzt	dentysta
Krankenhaus	szpital
Apotheke	apteka
ich habe…	mam…
- Bauchschmerzen	ból brzucha
- Kopfschmerzen	ból głowy
- Fieber	temperatura
- Erkältung	przeziebienie
- Zahnschmerzen	ból zęba

Notfälle

Botschaft	ambasada
Polizei	policja
Pannenhilfe	pogotowie techniczne
Krankenhaus	szpital
Rettungswagen	pogotowie ratunkowe
Feuerwehr	straż pożarna
Hilfe!	Pomocy! Ratunku!
Ich bin bestohlen worden!	Zostałem okradziony (m) / okradziona (w)!

Index

N

O

P

R

S

Danksagung

Bei den folgenden Personen möchten wir uns für ihre Unterstützung bei der Realisierung unseres Buches herzlich bedanken:

- Agnieszka Gola (Architekturmuseum)
- Tadeusz Szwed (Wratislavia Cantans)
- Zbigniew Stoklosa (Breslauer Fotogesellschaft)
- Zbigniew Żmudziński (ADMI)
- Stanisław Kruk-Ołpiński (Agentur für Touristische Förderung)
- Hanna Nasz und Adam Sobota (Nationalmuseum)
- Maciej Łagiewski und A. Mańczyńska (Historisches Museum)
- Liliana Chromińska (Galerie Na Odwachu)
- Wojciech Stefanik (BWA Galerie)

Literaturverzeichnis

- Manfred Alexander. Kleine Geschichte Polens. Bitzingen 2003. Das handliche Buch passt in jede Reisetasche: Aus Anlass von Polens EU-Beitritt wird die deutsch-polnische Geschichte unter die Lupe genommen, wissenschaftliche Gründlichkeit paart sich mit anschaulicher Sprache.
- Breslau - Wroław - Augenblicke einer Stadt. Fotos von Mathias Marx, Texte von Karol Maliszewski und Roswitha Schieb. Postdam 2003. Das sorgfältig edierte Buch zeichnet ein Porträt des gegenwärtigen Breslau: Aus ungewöhnlicher Perspektive werden »Augenblicke« eingefangen, Stilleben einer sich rasant verändernden Stadt. Sehr gut passen dazu die lebendig geschriebenen Begleittexte.
- Norman Davies / Roger Moorhouse. Die Blume Europas. Breslau - Wrocaw - Vratislavia. München 2002. In ihrer 500 Seiten starken »Biographie« Breslaus zeichnen die Autoren ein Bild der wechselnden Machtverhältnisse dieser Stadt.
- Izabella Gawin / Dieter Schulze / Reinhold Vetter. Schlesien – Deutsche und polnische Kulturtraditionen in einer europäischen Grenzregion. 2. Aufl. Köln 2002. Außer einer ausführlichen Kulturgeschichte und der »Galerie« berühmter Schlesier werden alle wichtigen Orte der Region detailliert vorgestellt.
- Izabella Gawin / Dieter Schulze. Kulturschock Polen. Bielefeld 2. Aulf. 2006. Andere Länder, andere Sitten: Vom Handkuss bis zum Madonnenfieber werden die irritierenden Erfahrungen beschrieben, die im Umgang mit dem Nachbarn gemacht werden – eine spannende Begleitlektüre für jeden Polenurlaub!
- Matthias Kneip. Grundsteine im Gepäck. House of the Poets: Paderborn 2003. Der Autor (Jg. 1969), Sohn oberschlesischer Spätaussiedler, war lange vom »polnischen Bazillus« infiziert, ohne es zu wissen. Das Fremde, das untergründig seine Kindheit durchzog, machte er als Erwachsener zum Objekt wissenschaftlichen Interesses. Derart ausgerüstet bergab er sich auf eine persönliche Entdeckungsreise ins Nachbarland - was er dabei erlebte, hat er in einfühlsamen Essays geschildert.
- Roswitha Schieb. Literarischer Reiseführer Breslau. Potsdam 2003. Sieben Spaziergänge auf den Spuren deutscher und polnischer Literaten erschließen Breslau von der subjektiven Seite. Pointierte Zitate und charakteristische Bilder bringen die Stadt auch dem Nicht-Reisenden näher. Herausgeber des Buches ist das »Deutsche Kulturforum östliches Europa«.

Die Deutsche Bibliothek verzeichnet diese Publikation in der Deutschen Nationalbibliografie; detaillierte bibliografische Daten sind im Internet unter http://dnb.ddb.de abrufbar.

4., aktualisierte und komplett überarbeitete Auflage 2008

Abbildungen:
Alle Aufnahmen stammen von den Autoren bis auf:

Tadeusz Rolke: S. 132
Tadeusz Szwed: S. 125
Edmund Witecki: S. 19, 141
Verlagsarchiv: S. 21–22, 136, 138, 144, 146

Kartographie:
Andreas Toscano del Banner

Hohenlohestr. 21 – 28209 Bremen
Tel. 0421-34843-0 – Fax 0421-348094
info@edition-temmen.de
www.edition-temmen.de

Herstellung: Edition Temmen
ISBN 978-3-86108-448-8